Zwischenmahlzeit am Vormittag

- mindestens ein kleiner Snack zwischen Frühstück und Mittagessen sollte sein
- ideal ist rohes Gemüse: eine Möhre, ein Stück Kohlrabi oder Gurke oder etwas Vollkorngebäck oder auch ein Stück Obst – worauf Sie Lust haben!
- im Rezeptteil finden Sie viele Anregungen für blutzuckerfreundliche Snacks

Mittagessen

- das Mittagessen sollte nicht zu mächtig ausfallen
- ideal sind Eintöpfe und Suppen oder vegetarische Gerichte
- natürlich darf auch mal Fleisch oder Fisch auf den Teller – jeweils ca. 2 Mal die Woche
- dazu Beilagen mit guten Kohlenhydraten (Kartoffeln, Vollkornnudeln und -reis, Hirse) – das freut Ihren Blutzucker!

Die Autorinnen

Dipl. oec. troph. Bettina Snowdon studierte an der Justus-Liebig-Universität in Gießen Oecotrophologie und befasste sich schon im Rahmen ihrer Diplomprüfung mit dem maßgeblichen Einfluss der richtigen Ernährung auf den Diabetes mellitus. Nach dem Studium arbeitete sie bei einem ernährungswissenschaftlichen Informationsdienst, bevor sie sich ihrem Lieblingsthema Kochen auch beruflich auf genussvollere Weise nähern konnte: Sie gestaltete viele Jahre als Lektorin, Programmplanerin und Projektmanagerin mit dem Schwerpunkt Essen und Trinken in verschiedenen Buchverlagen die Kochbuchlandschaft mit. Heute verfolgt sie ihre Leidenschaft fürs Büchermachen auch als Selbstständige, sie konzipiert, schreibt, lektoriert und übersetzt Koch- und Ernährungsbücher.

Prof. Dr. Ute Schäfer-Graf hat 10 Jahre leitend im Perinatalzentrum des Klinikums Neukölln Schwangere mit Diabetes behandelt. Seit 2008 ist sie als Oberärztin im St-Joseph·Krankenhaus Berlin tätig und leitet dort das Berliner Diabeteszentrum für Schwangere. Sie ist Gynäkologin und hat die Spezialisierung in Perinatalmedizin und Diabetologie – eine in Deutschland einmalige Qualifikation. Aufgrund ihrer großen Erfahrung im Bereich Schwangerschaft und Diabetes ist sie federführend an der Erstellung von Behandlungsstandards von Schwangeren und deren Kindern beteiligt, die von der Deutschen Diabetesgesellschaft und der Deutschen Gesellschaft für Gynäkologie und Geburtshilfe herausgegeben werden.

Dipl. oec. troph. Bettina Snowdon
Prof. Dr. Ute Schäfer-Graf

Schwangerschafts-Diabetes im Griff

Gesund essen für mein Baby und mich

TRIAS

Gemüse satt

Ab S. 83: Gerichte mit Gemüse bieten jede Menge Abwechslung! Auch wenn es zuerst ungewohnt ist, auf Fleisch und Fisch zu verzichten – vegetarische Gerichte sind richtig lecker und perfekt für Ihren Blutzuckerspiegel.

Liebe Leserinnen und Leser ...

Die Diagnose Schwangerschaftsdiabetes ist für die meisten Frauen mit vielen Unsicherheiten verbunden, für Sie vermutlich ebenso. Viele der Betroffenen haben noch nie mit der Stoffwechselkrankheit Diabetes zu tun gehabt und werden von der Auskunft ihres Arztes überrascht. Wahrscheinlich sind auch auf Sie unzählige Fragen eingestürzt, darunter auch solche, die Ihr Arzt nicht zufriedenstellend beantworten konnte – besonders wenn sie sich auf ganz alltägliche, praktische Dinge wie die Auswahl von Kochrezepten beziehen. Denn auf einmal müssen Sie neben den Empfehlungen, die bei einer Schwangerschaft bezüglich der Ernährung gemacht werden, noch weitere Ernährungsregeln einhalten. Für fast alle mündet das in der Frage »Was darf ich denn eigentlich noch essen – und was kann ich kochen?«. Die nächste Frage, wie Genuss und Lebensqualität noch möglich sind, wagen sich viele gar nicht mehr zu stellen.

In Internetforen gibt es einen regen Austausch zwischen betroffenen Frauen, es werden Rezepte wie geheime Schätze weitergegeben und die immer wieder gleichen Fragen gestellt, die häufig bestenfalls mit Halbwissen beantwortet werden. Und eines wird ganz deutlich: Gebündelte Informationen zum Thema der Umsetzung in den Alltag sind kaum vorhanden. Woran es vor allem fehlt, das ist eine Zusammenstellung von geeigneten Rezepten, die den ganzen Tag abdecken und für alle Geschmäcke etwas bieten.

In diesem Buch finden Sie vom Frühstück bis zum Abendessen jede Menge wirklich leckerer Rezepte – außerdem viele Alltagstipps und Anregungen, die Ihnen dabei helfen, Ihre eigenen Lieblingsrezepte zu finden. Ob es Ideen für das Essen außer Haus sind oder für das Weihnachtsgebäck: Wählen Sie daraus aus, was Ihnen am besten gefällt, und lassen Sie es sich schmecken. Für die kurze Zeit Ihres Diabetes sollen Sie mithilfe dieses Buches genießen dürfen. Vielleicht finden Sie auch das ein oder andere neue Lieblingsrezept, auch für die Zeit nach Ihrer Schwangerschaft.

Ich wünsche Ihnen viel Genuss und einen stabilen Blutzuckerspiegel!
Ihre Bettina Snowdon

Geleitwort

Schwangerschaftsdiabetes (Gestationsdiabetes) ist inzwischen eine der häufigsten Erkrankungen von Müttern in der Schwangerschaft, ähnlich häufig wie der Schwangerschaftsbluthochdruck. Zurzeit wird bei knapp 6% der deutschen Schwangeren ein in der Schwangerschaft auftretender Diabetes diagnostiziert, dazu kommen noch 1% Frauen, die einen schon vor der Schwangerschaft bestehenden Diabetes Typ 1 oder 2 haben. Seit 2012 wird jeder Schwangeren im Rahmen der Schwangerenvorsorge unentgeltlich ein Zuckertest angeboten. Die Anzahl von Schwangeren mit auffälligem Zuckertest steigt kontinuierlich, da wir immer mehr Frauen mit Risikofaktoren für Diabetes haben. Bei Diagnose eines Schwangerschaftsdiabetes werden Frauen mit der Situation konfrontiert, ihre Ernährungsgewohnheiten zugunsten ihres Kindes umstellen zu müssen. Manchmal reicht es, einfach nur »Süßes« wegzulassen, manchmal sind die notwendigen Veränderungen weitreichender, insbesondere was den Umgang mit Kohlenhydraten (= Zuckermoleküle) angeht.

Diabetes bedeutet, dass der Körper nicht genügend Insulin produzieren kann, um die Kohlenhydrate in die Körperzellen zu transportieren, so auch beim Schwangerschaftsdiabetes. Viele Fragen kommen auf, wie sich der bewusste, eventuell reduzierte Umgang mit Kohlenhydraten im Alltag umsetzen lässt, ohne das Gefühl zu haben, auf alles »Leckere« und »Sättigende« verzichten zu müssen. Und Schwangere haben nicht viel Zeit, den Umgang mit Diabetes zu lernen, da die Schwangerschaft schnell fortschreitet.

Deshalb hat mich die Idee begeistert, Frau Snowdon bei der Verfassung eines Kochbuches für Frauen mit Schwangerschaftsdiabetes zu unterstützen, und ich hoffe, dass dieses Buch vielen Frauen eine Orientierungshilfe sein wird, trotz Schwangerschaftsdiabetes mit Genuss essen zu können. Die Diabetesassistentin unseres Berliner Diabeteszentrums für Schwangere hat mit ihrer klinischen Erfahrung in der Schulung und Betreuung von vielen Schwangeren mit Diabetes alle Rezepte kritisch begutachtet. Unter dem Aspekt der Wirkung auf den Blutzucker, auf die vorsichtige Dosierung und die Wahl der richtigen Kohlenhydrate und den Gebrauch von Zuckerersatzstoffen. Manche Rezepte haben sie so angesprochen, dass sie sie gleich nachgekocht hat.

Denn eigentlich vermittelt dieses Kochbuch nur einen bewussten Umgang mit Nährstoffen, der zu einer ausgewogenen, gesunden Ernährung führt, die für jeden Menschen, ob schwanger, ob Diabetiker, ob alt oder jung, erstrebenswert ist.

Ich wünsche mir, dass dieses Kochbuch einen festen Platz in der Küche erhält, auch über die Schwangerschaft hinaus. Es freut mich, wenn die Schwangeren, die in unserem Zentrum betreut wurden, nach der Entbindung sagen, dass sie trotz der Sorgen um ihr Kind und des anfänglichen Gefühls der Einschränkung auch eine positive Erfahrung gemacht haben: ein besseres Körpergefühl durch den bewussten Umgang mit ihrer Ernährung. Es freut mich noch mehr, wenn diese Erkenntnis auch längerfristig den Lebensstil ihrer Familien prägt. Denn wir Eltern sind diejenigen, die die Weichen stellen für das Essverhalten, den Spaß an körperlicher Aktivität und langfristig die Gesundheit unserer Kinder.

Berlin, im Sommer 2020

Professorin Dr. Ute Schäfer-Graf,
Leiterin des Berliner Diabeteszentrums für Schwangere

Schwangerschafts-diabetes

Diabetes bedeutet im Alltag nicht in erster Linie Einschränkungen, sondern dass Sie ihre täglichen Essgewohnheiten einmal kritisch hinterfragen und bewusster mit Ihrer Ernährung umgehen. Langfristig gewinnen Sie dadurch sogar ein besseres Körpergefühl!

Diabetes – und nun?

Ihr Frauenarzt oder Ihre Frauenärztin hat bei Ihnen einen »Gestationsdiabetes« festgestellt. Sicher fragen Sie sich jetzt: Wie kommt DAS denn? Wie kann das sein? Und vor allem – was kann ich jetzt tun, damit mein Baby keinen Schaden nimmt? Hier finden Sie Antworten.

Bei Ihnen wurde ein Gestationsdiabetes festgestellt. Anstelle dieser Bezeichnung aus der medizinischen Fachsprache können wir auch einfach Schwangerschaftsdiabetes sagen. Wahrscheinlich hat Sie diese Diagnose, wie viele andere betroffene Schwangere auch, überrascht oder sogar erschreckt. Denn diese Form der Zuckerkrankheit entwickelt sich während der Schwangerschaft völlig unbemerkt für die werdende Mutter.

Wie kommt es zu dieser Diagnose? Durch die hormonelle Veränderung in der zweiten Schwangerschaftshälfte entwickelt sich eine Insulinresistenz. Das heißt, dass vom Körper gebildetes Insulin nicht mehr so effektiv wie bisher wirken kann. Normalerweise ist der Körper in der Lage, das durch einen erhöhten Insulinausstoß der Bauchspeicheldrüse zu kompensieren.

Bei manchen Frauen – besonders übergewichtige, über 45-jährige oder familiär oder mit hormonellen Problemen vorbelastete Frauen sind betroffen – funktioniert dieser ausgleichende Mechanismus allerdings nicht. Das Hormon Insulin ist dafür zuständig, Glukose, also Zucker, aus dem Blut in die Zellen zu transportieren, um den Körper mit Energie zu versorgen. Ist dies nicht ausreichend möglich, verweilt der Zucker zu lange im Blut und geht in erhöhten Maße über die Plazenta zum Baby über, was übermäßiges Wachstum und damit ein sehr hohes Geburtsgewicht mit allen damit verbundenen Komplikationen verursachen kann. Und für Mutter und Kind besteht das Risiko, dauerhaft an Diabetes zu erkranken. Für die Gesundheit von Mutter und Kind muss der Diabetes behandelt werden.

Die Alarmglocken wieder abstellen

Fast immer verschwindet der Diabetes nach der Schwangerschaft ganz von selbst, es besteht also kein Grund für ein allzu schrilles Klingeln der Alarmglocken. Dennoch sollten Sie Ihren Schwangerschaftsdiabetes als Hinweis darauf verstehen, dass Sie für Diabetes anfällig sind. Durch einen gesunden Lebensstil, auch nach der Entbindung, können Sie vermeiden, dass Ihre Gesundheit und die Ihres Kindes gefährdet sind.

Die gute Nachricht: In den meisten Fällen reicht es aus, die Ernährung umzustellen und sich regelmäßig zu bewegen. Ihr Arzt wird Ihnen sicher gesagt haben, ob auch in Ihrem Fall die Blutzuckerwerte durch diese Maßnahmen schon auf ein normales Maß gebracht werden können und wie streng Sie, je nach Ausprägung Ihres Diabetes, diese Maßnahmen einhalten sollen. Vielleicht haben Sie von ihm Tipps bekommen, welche Sportarten und Bewegungsübungen jetzt gut für Sie sind, oder Sie informieren sich über Bücher oder im Internet. Wählen Sie, was Ihnen am meisten zusagt. Was die Ernährung angeht, sollten Sie einige Grundlagen kennen, um in den nächsten Wochen bis zur Geburt Ihres Kindes die richtige Lebensmittelauswahl zu treffen, damit Ihr Blutzuckerspiegel wieder ins Lot kommt.

Was ist denn nun überhaupt noch erlaubt?

Vielleicht haben Sie nun die Befürchtung, dass Sie sich nach der Diagnose »Schwangerschaftsdiabetes« mit strikten Essensplänen und unzähligen Verboten herumschlagen müssen. Das ist unbegründet. Sie werden Ihre Essgewohnheiten unter die Lupe nehmen und einiges ändern, aber der Genuss am Essen kommt dabei keineswegs zu kurz. Die erleichternde Entwarnung für alle Genießerinnen und Süßmäuler: Kohlenhydrate und selbst Zucker sind nicht strikt verboten!

Kohlenhydrate dürfen sein!

Lange Zeit hat man Diabetiker vor jeder Form von Zucker gewarnt oder geraten, den Konsum zumindest stark einzuschränken. Was für ein entbehrungsreiches Leben für die meisten Betroffenen! Zum Glück hat sich das Wissen über Diabetes weiterentwickelt und heute weiß man, dass es vor allem wichtig ist, die richtigen Kohlenhydrate zu essen. In vielen Fällen muss die Kohlenhydratzufuhr nur wenig eingeschränkt werden und selbst mal etwas Süßes muss nicht tabu sein. Wie bei einer gesunden Ernährung empfohlen, sollte der Kohlenhydratanteil an der gesamten Nährstoffzufuhr knapp die Hälfte, nämlich 40 bis 50 Prozent ausmachen. Sie müssen auf nichts verzichten, aber mehr als bisher auf die Auswahl Ihrer Lebensmittel achten. Und das sollte doch zu schaffen sein! Allerdings reagiert jede Frau anders auf die Zufuhr von Kohlenhydraten. Am besten, Sie testen mit Ihrem Blutzuckermessgerät, was Sie essen können, ohne die Blutzuckergrenzen zu überschreiten. Abhängig von der Schwere Ihres Schwangerschaftsdiabetes und Ihrer individuellen Reaktion kann es auch sein, dass Sie vorsichtiger sein müssen.

Das sind die Guten: Ballaststoffe

Wie war das noch mit der Glukose und dem Insulin? Wenn Kohlenhydrate gegessen werden, werden sie erst einmal in ihre einzelnen Bestandteile, die Moleküle aufgespalten, bevor sie als winzige Glukosemoleküle über die Darmwand in die Blutbahn aufgenommen werden können. Isst man reinen Zucker, gelangt der aber in einem Rutsch sofort in die Blutbahn, denn er liegt ja schon entweder als Glukose vor oder in einer Form, die mir nichts, dir nichts zu Glukose umgewandelt wird. Als Folge müssen vom Körper sofort große Mengen Insulin bereitgestellt werden, um den Zucker in die Zellen zu transportieren. Besonders in der Schwangerschaft kann das den Körper überfordern. Das Insulin reicht nicht aus und als Folge sind die Zuckerwerte im Blut zu hoch.

Der große Vorteil von komplexen Kohlenhydraten, die in langen Ketten vorliegen, ist der, dass sie nur langsam und schrittweise abgebaut werden. Zu ihnen zählen Ballaststoffe, wie sie in Vollkornprodukten, Gemüse, manchen Obstsorten und vielen anderen Lebensmitteln vorkommen. Die Glukose wird dann viel langsa-

WISSEN

Süßstoffe

Süßstoffe wie Aspartam, Cyclamat und Saccharin haben keinen Einfluss auf den Blutzucker, bringen aber den begehrten süßen Geschmack mit. Zum Süßen von Getränken, Nachspeisen und anderem sind sie geeignet, in anderen Fällen versagen sie aber: Backen ist zum Beispiel kaum möglich, denn hier werden die Konsistenz, die Masse und die chemische Zusammensetzung von Zucker gebraucht, der mit den anderen Zutaten reagiert und das Backergebnis beeinflusst. Süßstoffe sollten insgesamt zurückhaltend verwendet werden, um die Gewöhnung und das Bedürfnis nach süßem Geschmack im Essen zu reduzieren bzw. nicht zu verstärken.

Stevia

Stevia ist als Süßungsalternative mittlerweile recht bekannt. Die süßen Extrakte der Pflanze liefern keine Kohlenhydrate und damit bewirken sie auch keine Blutzuckererhöhung. Es gibt sogar Hinweise, dass Stevia blutdrucksenkend wirken kann, wofür genauere Untersuchungen noch ausstehen. Stevia hat eine kaum zu übertreffende Süßkraft, die 200–300-mal höher ist als die von herkömmlichem Zucker. Diabetiker-Fachverbände empfehlen Stevia dennoch nur bedingt als Süßungsmittel, denn eine Überdosierung ist schnell erreicht und die Folgen noch nicht erforscht. Bis zu 4 Milligramm pro Tag gelten aber als unbedenklich.

mer und kontinuierlicher ins Blut aufgenommen und die Bauchspeicheldrüse mit der Insulinbereitstellung nicht überfordert. Und Sie ahnen es: Diese Kohlenhydrate beeinflussen Ihren Blutzuckerspiegel weniger und sind auf jeden Fall vorzuziehen. Ballaststoffe haben außerdem den Vorteil, den Abbau von Kohlenhydraten noch zusätzlich zu verlangsamen, indem sie im Darm Wasser und damit auch den Nahrungsbrei binden. Ein schöner Nebeneffekt ist die anhaltende Sättigung, die Ballaststoffe verursachen.

Nicht so gut, aber auch nicht verboten: Zucker

Wenn Sie aber doch die Lust nach Süßem überkommt, müssen Sie nicht zwangsläufig verzichten. Auch wenn es noch so gesund ist, glücklich macht es Sie nicht, dabei soll die Schwangerschaft doch eine möglichst schöne Zeit für Sie sein. Denn auch beim Zucker lautet das Motto: Die Dosis macht das Gift. Ein bisschen ist durchaus hin und wieder erlaubt, besonders, wenn es mit gesunden Inhaltsstoffen aus Nüssen oder Obst einhergeht. Und noch eine gute Nachricht: Zusammen mit Fett wird Zucker weniger schnell aufgenommen, so ist er also besser für Sie als in reiner Form. Wenn es Sie also überkommt, blättern Sie doch mal ins Kapitel »Süße Zwischenmahlzeiten« (Seite 101), da finden Sie bestimmt ein paar Leckereien nach Ihrem Geschmack. Mit dem Blutzuckermessgerät können Sie schnell überprüfen, ob Ihr Blutzucker im grünen Bereich bleibt.

Am schnellsten wird der Zucker aus Getränken aufgenommen, und ausgerechnet da ist man sich der hohen Zuckermengen oft gar nicht bewusst. Cola, Limonaden und sogar unverdünnte Fruchtsäfte sind wahre Zuckerbomben, die noch einen zusätzlichen Nachteil haben: Der enthaltene Zucker macht durstig. Wenn Sie es irgendwie schaffen, machen Sie darum einen weiten Bogen. Die Zuckerlust, nicht nur auf Getränke, lässt sich auch mit Produkten überlisten, die mit Süßstoff gesüßt sind. Sie schmecken süß, haben aber auf den Insulinspiegel keinen Einfluss. Sie müssen aber wissen, dass mit Süßstoff Gesüßtes ein Hungersignal auslöst und sie dazu verführt, mehr zu trinken oder zu essen. Spezielle Produkte für Diabetiker können Sie sich ganz einfach sparen. Sie bringen überhaupt keine Vorteile mit sich.

Welche kohlenhydrathaltigen Lebensmittel sind gut?

Im Zusammenhang mit Diäten kennen Sie vielleicht den glykämischen Index, kurz auch GI oder GLYX genannt. Dieser Index sagt aus, wie schnell die Kohlenhydrate einzelner Lebensmittel vom Blut aufgenommen werden, denn je schneller die Glukoseaufnahme ist, desto mehr macht sich das in Blutzuckerspitzen bemerkbar. Listen mit Werten für einzelne Lebensmittel findet man z. B. im Internet.

Kurz ein wenig graue Theorie: Gemessen wird der glykämische Index im Vergleich zur Blutzuckerwirkung von 50 g Gramm Traubenzucker, der sofort ins Blut geht. Diese hat man auf 100 festgelegt. Je langsamer die Glukose aufgenommen wird, desto niedriger der Wert. Lebensmittel mit einem niedrigen glykämischen Index sind also besser.

Noch mehr hilft die Angabe der glykämischen Last (abgekürzt GL) weiter, die sich nicht rein auf den Kohlenhydratgehalt eines Lebensmittels bezieht, sondern auf das Gewicht des gesamten Lebensmittels. Eine Wassermelone zum Beispiel hat nämlich einen erschreckend hohen glykämischen Index von 72, aber sie enthält fast nur Wasser. Man müsste daher 600 g Melone essen, um auf 50 g Kohlenhydrate zu kommen. Die glykämische Last ist deutlich realistischer, denn sie sagt aus, wie hoch die Kohlenhydratwirkung – bezogen auf das ganze Lebensmittel – ist, am Beispiel der Wassermelone ist sie dann minimal und die Wassermelone gehört auf einmal zu den »guten« Lebensmitteln.

Diese Lebensmittel haben eine niedrige glykämische Last:

- Vollkornprodukte
- Kartoffeln
- Hülsenfrüchte
- Obst (Ausnahme: Weintrauben und einige exotische Obstsorten)
- Nüsse
- Milchprodukte
- Fleisch
- Fisch

Alternativen zu Reis, Nudeln und Kartoffeln

40 bis 45 Prozent einer gesunden Ernährung sollten aus Kohlenhydraten bestehen, dass gilt auch bei Schwangerschaftsdiabetes. Sparen Sie also nicht daran, aber achten Sie immer auf den Ballaststoffgehalt und die glykämische Last. Neben den klassischen kohlenhydrathaltigen Beilagen Vollkornreis, Vollkornnudeln und Kartoffeln gibt es eine Reihe weiterer stärkehaltiger Beilagen, die sich für Diabetiker eignen und prima zu vielen Fleisch- und Fischgerichten passen.

Hirse ist vor allem zu Reis eine tolle Alternative. Sie hat einen sehr hohen Eiweiß- und Eisengehalt und eine niedrige glykämische Last. Das alles heißt, sie dürfen sie genießen. Vor dem Kochen wäscht man Hirse so lange in einem Sieb mit heißem Wasser, bis das ablaufende Wasser nicht mehr milchig ist. Dadurch entfernt man die unter Umständen schlecht verträglichen Saponine. Dann setzt man die Hirse mit der anderthalbfachen bis doppelten Menge Salzwasser oder Gemüsebrühe und einem Lorbeerblatt auf und lässt sie 10 Minuten köcheln. Nun noch etwa 20 Minuten auf der ausgeschalteten Platte quellen lassen.

Die kleinen, leicht nussig schmeckenden Samenkügelchen von Quinoa werden wie Getreide gekocht und sehen auch so aus, gehören aber zu den Fuchsschwanzgewächsen. Dem Genuss tut das keinen Abbruch, denn diese uralte Kulturpflanze der Inkas hat einen sehr hohen Eiweißgehalt, eine ebenso gute Eiweißzusammensetzung und steckt voller wertvoller Mineralstoffe wie Kalzium und Eisen. Wie Hirse wäscht man Quinoa vor dem Kochen, dann setzt man es mit der dreifachen Menge Salzwasser an. Nach dem Kochen etwas Olivenöl unterrühren, damit die Körnchen nicht aneinanderkleben.

Ganz ähnlich ist das »Inkakorn« Amarant – sowohl in der Zubereitung als auch im gesundheitlichen Wert der Körnchen. Allerdings können Sie sich das intensive Auswaschen vor dem Kochen sparen, da Amarant kaum Saponine enthält. Geschmacklich ist Amarant recht intensiv.

Maisgrieß, Couscous und Bulgur schneiden in Bezug auf ihre Diabetestauglichkeit nicht ganz so rosig ab wie die oben genannten, da ihr glykämischer Index eher im mittleren Bereich liegt. In kleineren Mengen genossen bieten sie aber eine schöne und unbedenkliche Abwechslung für Sie.

Polenta, einst ein norditalienisches Arme-Leute-Essen, wird aus Maisgrieß gekocht, der ebenfalls viel Eiweiß und Eisen sowie weitere wichtige Vitamine und Mineralstoffe erhält. Dieser quillt sehr stark, deshalb die drei- bis vierfache Menge Wasser oder Brühe aufkochen, den Maisgrieß unter Rühren einrieseln und nach Packungsanweisung ausquellen lassen. Sehr lecker wird Polenta auch, wenn sie zum Erkalten auf einem Blech ausgestrichen wird, man die erkaltete und fest gewordene Masse dann in Rechtecke oder Rauten schneidet und diese beidseitig in etwas Butter goldbraun brät.

Couscous und Bulgur sind geschroteter und vorgequollener Weizen. Sie stammen aus der orientalischen Küche und harmonieren daher gut mit den landestypischen Gerichten. Es gibt beide Sorten als Vollkornprodukte zu kaufen, aber sie sind auch in der häufiger erhältlichen Form mit geschältem Weizen akzeptabel und vor allem bringen sie mal Abwechslung auf den Teller. Bulgur ist gröber als Couscous, schmeckt aber ähnlich und hat einen besseren glykämischen Index.

Cousous bekommt man vor allem als Instantprodukt, das man nur mit der gleichen Menge heißen Wassers mit Salz quellen lässt – dann ist es in wenigen Minuten verzehrfertig.

Auch Bulgur ist relativ schnell gekocht, weil die Getreidekörner schon aufgebrochen sind. Man wäscht ihn kurz unter kaltem Wasser, damit er beim Kochen nicht durch anhaftende Mehlreste breiig wird. Dann dünstet man ihn des besseren Geschmacks wegen in etwas Öl und kocht ihn mit der anderthalbfachen Menge Salzwasser auf. Etwa 15 Minuten ausquellen lassen. Gewürze wie Kardamom, Zimt und Kreuzkümmel gibt man ins Kochwasser, mit Kurkuma bekommt er eine schöne gelbe Farbe.

Gute Fette – schlechte Fette

Kohlenhydrate sind die einzigen Nährstoffe, die eine direkte Wirkung auf den Blutzuckerspiegel haben. Bei allen anderen muss man, was Diabetes angeht, nicht so genau hinschauen. Aber halt! Denn zu viel und vor allem das falsche Fett macht dick. Das ist weder für Sie noch für Ihr Kind gut. Also auch hier im Sinne einer gesunden Ernährung auswählen.

Besonders tückisch sind die sogenannten versteckten Fette, die sich in Wurst, Fertiggerichten, Süßigkeiten und Gebäck verbergen. Sie sind nicht nur, wie in den letzten beiden Fällen, Begleiter von Zucker, sondern meistens auch noch ungesund. Und man bemerkt gar nicht, wie viel Fett man da gerade zu sich nimmt, denn man sieht es nicht. Tipps für magere Wurst- und Käsesorten finden Sie im Kapitel »Pikante Zwischenmahlzeiten« (Seite 40). Und wenn Sie Lust bekommen auf einen deftigen Zwischensnack, finden Sie tolle Anregungen in diesem Kapitel.

Als Faustregel können Sie sich merken, dass pflanzliche Fette in den meisten Fällen den tierischen vorzuziehen sind. Sie bringen kein Cholesterin mit und bestehen oftmals aus ungesättigten Fettsäuren, die der Körper braucht. Besonders wichtig für die Entwicklung des Kindes sind Omega-3-Fettsäuren.

Insgesamt ist aber auch hier weniger mehr. Im Durchschnitt isst hierzulande jeder etwa dreimal so viel Fett wie empfohlen, da lohnt sich das genauere Hinsehen. Besonders, wenn Sie schon ein paar Kilo zu viel auf die Waage bringen, sollten Sie darauf achten. Eine gesunde Ernährung schlägt vor, etwa 30 Prozent der Nährstoffe in Form von Fett aufzunehmen.

Wie man gute und schlechte Fette erkennt

Oftmals hilft ein Blick auf die Zutatenliste. Findet sich dort ein Hinweis auf die Verwendung von gehärteten pflanzlichen Fetten, dann verzichten Sie lieber. Bei manchen Margarinen ist das der Fall und auch bei Fertig- und Halbfertigprodukten werden Sie häufig auf diese Deklaration stoßen. Diese Fette werden industriell so verändert, dass aus einem flüssigen Ausgangsprodukt ein festes wird. Für die Industrie von Vorteil, für Sie aber mit dem Risiko von Herzkrankheiten verbunden. Solche Fette finden Sie auch in allem, was frittiert wird, also auch hier lieber nicht zu beherzt zugreifen.

Gute Fette, das sind zuallererst die wertvollen Omega-3-Fettsäuren, die vor allem in Seefisch vorkommen. Gerichte mit Lachs, Makrele, Hering sind super für Sie, schauen Sie sich doch gleich einmal die Fischrezepte an (Seite 73). Gute Fette sind ansonsten hauptsächlich pflanzlichen Ursprungs, also in Ölen wie Raps-, Lein-, Soja-, Maiskeim-, Oliven- und Walnussöl vorhanden.

Diese Lebensmittel haben viele Omega-3-Fettsäuren:

- Seefisch wie Lachs, Hering, Aal und Makrele
- manche Pflanzenöle wie Raps-, Lein-, Soja-, Maiskeim-, Oliven- und Walnussöl

Dabei reicht ein Esslöffel Rapsöl täglich zum Beispiel schon aus, um den Tagesbedarf zu decken. Auch Leinsamen, aus denen das wertvolle Leinöl gewonnen wird, haben einen hohen Gehalt an Omega-3-Fettsäuren.

Eiweiß: kein Anlass zur Besorgnis

Erliegen Sie nicht der Versuchung, sich an Lebensmitteln mit hohem Eiweißgehalt satt zu essen, in der Hoffnung, Ihrem Kind Gutes zu tun. Eiweiß ist zwar ein wichtiger Körperbaustein, den ein Fötus in der Entwicklungsphase braucht. Aber es gibt Hinweise darauf, dass eine zu hohe Eiweißzufuhr bei übergewichtigen Personen die Entstehung von Diabetes fördern kann. Also halten Sie sich lieber an die Empfehlung, ein Viertel der gesamten Energiezufuhr über Eiweiß aufzunehmen. Für Diabetiker wird empfohlen, mehr Eiweiß aus pflanzlichen als aus tierischen Quellen aufzunehmen. Während tierische Eiweißquellen oft ungesunde Fette enthalten, bringen pflanzliche sogar noch wertvolle Begleitstoffe wie Ballaststoffe, wichtige Mineralstoffe und Vitamine mit.

Welche eiweißhaltigen Lebensmittel sind gut?

Ziehen Sie also pflanzliche Lebensmittel den tierischen vor. Gut sind zum Beispiel manche Hülsenfrüchte wie Sojabohnen. Viele Hülsenfrüchte haben zwar einen hohen Kohlenhydratanteil, der aber durch den gleichfalls hohen Ballaststoffanteil nicht so sehr ins Gewicht fällt. Sie werden deshalb nicht angerechnet.

Scheuen Sie sich nicht, Sojaprodukte zu probieren. Man kann die Bohnen genauso wie andere Bohnen kochen und genießen, aber es gibt auch wunderbare Produkte aus Soja, die völlig zu Unrecht einen schlechten Ruf haben. Tofu zum Beispiel kann richtig zubereitet unglaublich vielseitig und würzig sein. Man muss nur wissen, wie es geht, im Kapitel »Vegetarische Gerichte« (Seite 87) erfahren Sie es. In Bioläden und Reformhäusern gibt es eine Riesenauswahl an Produkten wie Sojawürstchen und -bratlingen, denen selbst Fleischesser geschmacklich eine Menge abgewinnen können.

Hafer, Dinkel, Hirse und Kartoffeln machen sich als Eiweißspender ebenfalls gut. Die Eiweißqualität ist bei pflanzlichen Lebensmitteln oft nicht so hochwertig wie bei tierischen, aber es gibt einen Trick: Durch geschickte Kombination mit anderen pflanzlichen oder auch mit tierischen Eiweißträgern kann man sie erhöhen. Gut sind die Kombis Bohnen und Mais, Kartof-

Für sofort:
schnelle Häppchen,
die Sie bei deftigen Gelüsten
jederzeit essen dürfen

saure Gurken
Möhren, Salatgurken, Paprika mit Frischkäsedip
Wurstsnack
Rollmops
Reiswaffeln
Popcorn mit Salz
Vollkorn-Knäcke
Hartkäse

Spezifischer Bedarf in der Schwangerschaft

Gute Quellen für ...	... sind:
Eisen	mageres rotes Fleisch, Fisch, Eigelb, Vollkornmüsli, Spinat, Hülsenfrüchte, Nüsse
Kalzium	Milch, Käse, Joghurt, Soja, Tofu, grünes Gemüse
Jod	Seefisch, Jodsalz
Folsäure	Leber, Eigelb, Algen, Erdnüsse, Fenchel, rote Bete
B-Vitamine	Fisch, Leber, Milchprodukte, Brokkoli, Spinat, Grünkohl

feln und Ei, Weizen und Milch. Rezeptbeispiele dafür finden Sie auf den Seiten 42, 63, 72 und 110. Soja hat von ganz allein schon eine sehr gute Eiweißzusammensetzung für den menschlichen Körper.

Was ich und mein Baby sonst noch brauchen

Eines brauchen Sie jedenfalls nicht: für zwei zu essen. Ihr Nährstoffbedarf ist nur etwas höher, essen Sie einfach, wenn Sie Hunger haben. Erst ab der zweiten Schwangerschaftshälfte benötigen Sie mit etwa 300 kcal zusätzlich etwas mehr Energie. Ihr Körper sagt Ihnen schon, was er braucht. Wenn Sie sich gesund ernähren, mit Obst, Gemüse, Vollkorn- und Milchprodukten, ist alles gut. Achten Sie aber auf Ihr Gewicht. Abhängig vom Ausgangsgewicht gibt es unterschiedliche Empfehlungen für die optimale Gewichtszunahme in der Schwangerschaft. Ist sie zu stark, verschlechtert sich die Wirkung des Insulins und kann trotz guter Blutzuckerwerte zum übermäßigen Wachstum des Kindes beitragen – und nicht zu vergessen: es wird schwieriger, die Pfunde nach der Schwangerschaft wieder loszuwerden. Damit steigt leider auch das Diabetesrisiko.

Es gibt ein paar Nährstoffe, die Sie jetzt in größeren Portionen brauchen, das sind Eisen, Kalzium, Jod, Folsäure, B-Vitamine und in geringerem Maß ein paar andere Vitamine, Mineralstoffe und Spurenelemente. Die Nährstoffe, auf die Sie besonders achten sollten, sind in den Rezepten ausgewiesen. Eine Nahrungsergänzung in Form von Jod oder Folsäure wird in der Schwangerschaft empfohlen.

Ernährungsumstellung: Es ist ganz einfach!

Vielleicht haben Sie nun das Gefühl, zu viele neue Informationen gelesen zu haben. Und überhaupt – müssen Sie nun alle ihre bisherigen Essgewohnheiten auf den

Kopf stellen? Sehen Sie es doch einmal positiv: Gewohnheiten kritisch zu hinterfragen, ist von Zeit zu Zeit ganz gut; auch wenn der Anlass vielleicht nicht so erfreulich ist. Und machen Sie sich keine Sorgen! Ihre Ernährung so umzustellen, dass es Ihrem Stoffwechsel gut bekommt, ist wirklich ganz einfach!

Heiße Tipps für den Alltag

Eine gesunde Ernährung mit vielen Vollkornprodukten, Gemüse und hin und wieder etwas Obst ist mehr als die halbe Miete. Lassen Sie Fertigprodukte links liegen! Genießen Sie die Möglichkeiten, die frische und natürliche Lebensmittel bieten – kochen und essen Sie mit Genuss. Wenn Sie dann noch Ihre Mahlzeiten in mehrere große und kleine Portionen über den Tag verteilen, haben Sie eine große Chance, trotz Schwangerschaftsdiabetes einen normalen Blutzuckerspiegel zu halten.

Öfter besser essen

Sie wissen jetzt, wie Sie den Blutzucker in den Griff bekommen: Komplexe Kohlenhydrate, die langsam ins Blut abgegeben werden, überfordern Ihre Bauchspeicheldrüse nicht und der Zucker wird langsam abgebaut. Außerdem sollten Sie keine allzu großen Schwankungen Ihres Blutzuckerspiegels zulassen. Das ist nicht schwer: Essen Sie mehrere kleine Mahlzeiten am Tag, dann sinkt Ihr Blutzuckerspiegel zwischen den Mahlzeiten nicht ins Bodenlose. Sie bekommen keine Heißhungerattacken. Fünf bis sechs kleine Mahlzeiten am Tag sind besser als drei mächtige.

Durst? Trinken Sie!

Trinken Sie, wenn Sie Durst haben. Das klingt selbstverständlich, im Alltag ist es das oft aber gar nicht. Ein Durstgefühl übergeht man gerne mal, vielleicht aus Bequemlichkeit, vielleicht aus mangelnder Gelegenheit. Sie müssen nicht, wie so häufig empfohlen, auf Teufel komm raus mindestens zwei Liter Flüssigkeit am Tag zu sich nehmen, diese Regel gilt als veraltet. Hören Sie auf Ihr Durstgefühl – dann sind Sie ausreichend mit Flüssigkeit versorgt. Doch ohne das kleine »Aber« geht es nicht: Achten Sie darauf, was Sie trinken. Wie Sie jetzt schon wissen, enthalten gesüßte Getränke wie Cola, Limonaden und selbst Fruchtsäfte so viel reinen Zucker, dass Ihr Blutzuckerspiegel rasant in die Höhe schießt. Lassen Sie die links liegen oder verdünnen Sie Obstsäfte.

Von Kaffee und Tee dagegen weiß man sogar, dass sie eine positive Wirkung auf den Blutzuckerspiegel haben, hier dürfen sie also auf jeden Fall zugreifen. Aber bedenken Sie, dass Kaffee und Schwarztee Genussmittel mit anregender Wirkung sind, keine Durstlöscher. Genießen Sie diese Getränke bewusst, belohnen Sie sich vielleicht einmal mit einem guten Espresso. Gut sind reines Wasser, Kräuter- und Früchtetees. Stellen Sie ihre eigene Mischung zusammen oder lassen Sie sich von den Rezepten (Seite 119) inspirieren. Und süßen Sie möglichst nicht. Wenn Sie auf die Süße nicht verzichten können, nehmen Sie ein wenig Süßstoff. Nutzen Sie die Gelegenheit, sich an weniger süße Getränke zu gewöhnen.

Wenn der Süßhunger kommt
Manchmal geht es eben nicht anders und etwas Süßes muss her – sofort und auf der Stelle. Aber bevor Sie sich jetzt über die Bonbondose hermachen, denken Sie noch mal daran: In Maßen und möglichst nicht ohne »gute« Begleiter, in diesem Falle Fett. Suchen Sie sich fetthaltige Süßigkeiten wie Schokolade, Pralinen, ein kleines Stückchen Sahnetorte, etwas Milchspeiseeis oder fettreiche Milchprodukte aus. Anregungen für süße Zwischensnacks finden Sie auf den Seiten 24/25 und ab Seite 101.

Mit Süßstoff Gesüßtes kann eine Alternative sein, denn hier müssen Sie keinen Blutzuckeranstieg befürchten. Aber denken Sie daran, dass Süßstoffe hungrig machen können. Als Zwischenmahlzeit darf es auch frisches Obst sein, dabei sollten Sie aber möglichst die ganz süßen Sorten wie Weintrauben und Ananas meiden, die viel reine Glukose enthalten oder Bananen, die einen sehr hohen Kohlenhydratgehalt haben.

Heiße Tipps für den Vorrat

Legen Sie sich einen Vorrat an den Lebensmitteln zu, die Sie öfter brauchen. Das macht es viel leichter, sich gesund zu ernähren. Die Versuchung ist sonst groß, schnell mal beim Supermarkt ein Fertiggericht mitzunehmen oder bei der Frittenbude anzuhalten. Haben Sie das Wichtigste schon zu Hause, können Sie sofort mit dem Kochen loslegen.

- Wenn Sie gerne backen, dann kaufen Sie Vollkornmehl und verbannen Sie das weiße Mehl mit seinen kurzkettigen Kohlenhydraten aus dem Vorratsschrank. Wenn Sie auf den Geschmack kommen, dann lohnt sich vielleicht die Anschaffung einer Getreidemühle.
- Vollkornnudeln und -reis sowie Kartoffeln sollten auch Ihren Vorratsschrank bereichern.
- Hirse ist ein toller Eiweißspender, der gleichzeitig viel Eisen enthält. Also rein in den Vorratsschrank!
- Legen Sie sich eine Auswahl an getrockneten Hülsenfrüchten zu oder solchen in der Dose, wenn Sie davon keine Verdauungsprobleme bekommen (seien sie aber bei Kidneybohnen, dicken Bohnen, roten Linsen und Kichererbsen etwas zurückhaltender, denn sie sind besonders kohlenhydratreich). Hier gibt es einiges zu entdecken.
- Füttern Sie Ihre Tiefkühltruhe mit einer Auswahl an tiefgekühltem Gemüse oder kaufen Sie Eingemachtes (ohne zugesetzten Zucker). So haben Sie immer Gemüse im Haus, auch wenn Sie nichts Frisches einkaufen können.
- Raps-, Lein-, Soja-, Maiskeim-, Oliven- und Walnussöl sind die Öle mit den guten Fettsäuren, mindestens eine Sorte davon sollten Sie immer im Haus haben. Wählen Sie am besten ein Öl, das auch erhitzt werden darf, wie Olivenöl, Rapsöl oder Sojaöl und benutzen Sie es zum Kochen statt Butter.
- Wenn Sie Fisch mögen, stellen Sie sich ein paar Konservendosen mit Seefisch wie Makrele, Hering oder Lachs in den Schrank, ebenfalls wegen der guten

Omega-3-Fettsäuren und wegen des Jodgehalts.

- Für die gute Jodversorgung nehmen Sie Jodsalz, aber sparsam.
- Probieren Sie sich durch die fast unendliche Auswahl an Kräuter- und Früchtetees, manchmal gibt es Probiergrößen zu kaufen. Legen Sie sich dann eine Auswahl Ihrer Lieblingssorten zu. Oder mischen Sie selbst, Näheres dazu finden Sie im Kapitel Getränke (Seite 119).

Was kann ich auf Vorrat zubereiten?

Für den Fall der Fälle etwas im Haus zu haben, das schon fertig zubereitet oder wenigstens mit wenig Aufwand fertiggestellt ist, ist manchmal Gold wert. Es schützt nicht nur vor dem schnellen Griff zu Fast Food oder Fertiggerichten, sondern kann das Leben so viel leichter machen – besonders, wenn das Baby da ist und alle Aufmerksamkeit verlangt. Was Sie sich jetzt aneignen, können Sie nach der Schwangerschaft so fortsetzen.

Brotaufstriche. Toll zum Vorbereiten sind Brotaufstriche, die sich im Kühlschrank einige Tage halten. Nicht nur zum Frühstück oder Abendbrot, sondern auch bei kleinen Hungerattacken zwischendurch ist ein Vollkornbrot mit einem leckeren saftigen Aufstrich einfach klasse. Am besten, Sie haben zwei oder drei Aufstriche zur Auswahl, bei den Frühstücksrezepten (Seite 32) finden Sie einige Ideen.

Müsli. Wenn Sie gerne Müsli essen und der hohe Kohlenhydratgehalt Ihren Blutzuckerspiegel nicht beeinträchtigt, stellen Sie sich doch Ihre eigene Mischung zu Ihrem ganz persönlichen Fertigmüsli zusammen: Hafer- oder andere Getreideflocken, Nüsse, Mandeln oder Pinienkerne. Vielleicht mögen Sie auch Kokosflocken im Müsli. Trockenobst lassen Sie lieber weg, denn es hat eine hohe Zuckerkonzentration. Zucker und Honig lassen Sie ebenfalls draußen und mischen sich für jede Portion frisches Obst zum Süßen in Ihre Müslimischung. Messen Sie aber Ihre Blutzuckerreaktion, denn Müsli führt bei vielen Frauen zu einem erhöhten Blutzuckerwert. Können Sie aufgrund Ihrer Blutzuckerreaktion kein Müsli aus Getreideflocken essen, dann bevorraten Sie Sojaflocken, die ebenfalls eine leckere Müsligrundlage sind. Bei den Frühstücksrezepten finden Sie ein Rezept für ein Müsli mit Sojaflocken (Seite 39).

Gemüse. Frisches Gemüse können Sie prima einfrieren. Sie sparen auch gleichzeitig Geld, wenn Sie Angebote nutzen, um sich Vorräte anzulegen. Schnibbeln Sie Ihr Lieblingsgemüse klein und blanchieren es in leicht gesalzenem Wasser. So ist ein wesentlicher Teil der Kocharbeit schon getan. Portionsweise einfrieren, bei Bedarf schnell im Topf auftauen und beliebig weiterverarbeiten.

Aufläufe. Gut zum Einfrieren sind auch alle Arten von Aufläufen. Die backen Sie vor und müssen sie, aus der Kälte geholt, einfach nur im Ofen aufwärmen.

Suppen und Saucen eignen sich auch sehr gut zum Einfrieren. Zum Beispiel Gemüsesuppe mit verschiedenen Gemüsesorten. Die können Sie nach dem Auftauen toll

Handvoll Erdbeeren oder Himbeeren
Apfel
Handvoll Mandeln oder Nüsse (ohne Salz)
Handvoll Pistazien
Riegel dunkle Schokolade (mind. 70% Kakaogehalt)
Naturjoghurt
1 (oder 2 kleine) Eiskugel(n) im Becher (keine Waffel)
2 Vollkornkekse

Für sofort: wenn Sie die Naschlust überkommt und was Sie dann essen dürfen (möglichst nicht in Kombination mit einer Hauptmahlzeit)

aufpeppen, indem Sie noch Würstchen (ganz oder klein geschnitten), Klößchen oder andere Leckereien hineingeben. Fettarme Saucen sind zum Beispiel Gemüsesaucen wie Tomatensauce.

Dressings. Fettarme Essig-Öl- oder Joghurtdressings (Seite 52) können Sie in größeren Mengen zubereiten und in einem Schraubdeckelglas mindestens eine Woche im Kühlschrank aufbewahren. So können Sie schnell einen Salat zubereiten.

Tipps für das Essen außer Haus

Sie haben Ihre alltäglichen Essgewohnheiten zu Hause unter die Lupe genommen? Dann ist schon eine Menge geschafft im Kampf gegen Ihren zu hohen Blutzucker. Doch was ist, wenn Sie nicht zu Hause sind? Auf der Arbeit oder unterwegs ist es sicher schwieriger, sich an die neue, gesündere Lebensmittelauswahl zu halten. Doch mit ein paar einfachen Tricks schaffen Sie es:

In der Kantine

Viele Kantinen haben heute ein Angebot an leichten Gerichten. Die leichte Variante ist wahrscheinlich in den meisten Fällen die bessere Wahl. Zu fett sollte es nicht sein und Nudeln, Reis und Backwaren aus Weißmehl wählen Sie lieber nicht, die lassen den Blutzucker zu stark ansteigen. Nudeln mit einer fetthaltigen Sauce dürfen mal sein, aber lassen Sie diese Auswahl besser nicht zur Gewohnheit werden. Gibt es Vollkornnudeln oder -reis, dann sollten Sie sich dafür entscheiden. Gegen Gemüse ist nie etwas einzuwenden. Gibt es eine Salattheke, bedienen Sie sich dort, suchen Sie sich dazu ein einfaches Dressing aus Essig und Öl aus, keine fette Mayonnaise, und essen Sie dazu ein Vollkornbrötchen oder -brot. Brauchen Sie zum Abschluss unbedingt einen süßen Nachtisch, dann ist die fetthaltige Version allerdings nicht schlecht, wie z. B. eine Quarkspeise (Sie wissen jetzt: Fett verzögert die Glukoseaufnahme). Obstsalat ist ebenfalls eine gute Wahl, wenn er nicht hauptsächlich aus den besonders süßen exotischen Obstsorten besteht. Besser ist es aber, sich den Nachtisch für eine Zwischenmahlzeit aufzusparen.

Fast Food

Fast Food zeichnet sich nun mal nicht gerade durch einen hohen Ballaststoffgehalt aus, hier wird die Auswahl vermutlich schon etwas schwieriger als in der Kantine. Der Burger hat als Basis ein fluffiges Weißmehlbrötchen, daran ist nicht zu rütteln. Das können Sie aber weglassen und sich den Pattie in ein Salatblatt einwickeln lassen. Und Pommes sind nicht unbedingt für ihre Fett- und Kohlenhydratarmut bekannt. Aber auch in Fast-Food-Ketten gibt es Salate, die sie am besten nicht mit der fettesten Saucenvariante, sondern besser mit einem einfachen Essig-Öl-Dressing krönen sollten. Wenn es ein Burger sein soll, dann der ohne Käse. Ein Wrap mit einer nicht zu fetthaltigen Füllung bietet sich auch an. Und wählen Sie kleine Portionen! Auch die Fast-Food-Ketten bieten auf Wunsch der Verbraucher mittlerweile ein paar gesündere Produkte mit frischem Obst oder Gemüse. Sie wissen ja, wie Sie sich dann am besten entscheiden.

Und noch eins – auch wenn es Fast Food heißt: Gehen Sie vom Gas, essen Sie langsam und lassen Sie den Kohlenhydraten Zeit, aufgenommen zu werden.

Beim Bäcker

Sind Sie in der Stadt unterwegs, dann lockt an nahezu jeder Ecke eine Backfiliale mit ihrem reichhaltigen Angebot an süßen und pikanten Backwaren – ideal zum Mitnehmen und für den kleinen Hunger zwischendurch. Leider schrumpft das Bäckereiangebot, das für Sie infrage kommt, denn die allermeisten Backwaren sind mit weißem Mehl gebacken. Und ob mit Zuckerguss oder in Zucker gewälzt: Viele Gebäcksorten verraten schon auf den ersten Blick, wie rasant sie den Blutzucker in die Höhe treiben.

Wenn es Gebäck sein soll, dann immer die Vollkornvariante, Bio-Bäckereien haben hier ein breites Angebot. Aber auch herkömmliche Bäckereien bieten schon einige Produkte mit Vollkorn an. Informieren Sie sich dann aber bei den Verkäufern, woraus das Gebäck genau besteht. Manchmal wird Zuckerkulör oder Malz zugesetzt, damit es eine dunkle Farbe erhält und nach einem vollwertigen und gesunden Brot oder Brötchen aussieht – der Schein trügt aber ganz gewaltig, denn das Gebäck besteht nicht nur aus Weißmehl, sondern enthält dann durch den färbenden Zusatz noch einen Zuckeranteil, den Sie sich sparen sollten.

Pikante Backwaren aus Vollkorn sind also erste Wahl für Sie. Wenn es Sie aber nach etwas Süßem gelüstet, dann wissen Sie, dass auch hier die Vollkornvariante die bessere ist – und dass Sie sogar gerne etwas Fettreicheres wählen dürfen, da Fett die Zuckeraufnahme im Blut verlangsamt. Sahneschnitten und cremige Torten sind mal erlaubt. Auch bei Hefegebäck dürfen Sie hin und wieder zugreifen, denn hier wird meist weniger Zucker als bei anderen Teigarten eingesetzt.

Im Rezeptteil verwendete Abkürzungen

Abkürzung	Bedeutung
BE	Broteinheit
BS	Ballaststoffe
EL	Esslöffel
g	Gramm
gem.	gemahlen
kcal	Kilokalorien
KE	Kohlenhydrateinheiten
kg	Kilogramm
KH	Kohlenhydrate
mg	Milligramm
mind.	mindestens
ml	Milliliter
Msp.	Messerspitze
TL	Teelöffel
µg	Mikrogramm
Ω-3-FS	Omega-3-Fettsäuren

Rezepte

In diesem Buch finden Sie leckere Rezepte für den ganzen Tag – vom blutzuckerfreundlichen Frühstück über Anregungen für verschiedene Zwischenmahlzeiten bis hin zu Hauptgerichten mit Gemüse, Fleisch oder Fisch. Alle Rezepte sind für den Appetit von zwei erwachsenen Essern berechnet, das Baby nicht mitgerechnet. Es wird durch die Portion der Mutter gut mitversorgt.

Gold im Mund: Frühstück

Der Tag beginnt mit dem Frühstück, und das sollte er auch wirklich. Der Körper hat in der Nacht geruht und keinerlei Nahrung bekommen. Ein gutes Frühstück mit wertvollen Nährstoffen ist deshalb wichtig für den Start in den Tag.

Am Morgen ist die Wirkung des körpereigenen Insulins nicht so gut wie tagsüber. Wenn Sie nach dem Frühstück hohe Blutzuckerwerte haben, sollten Sie die Kohlenhydrate auf drei Broteinheiten reduzieren und später ein zweites Frühstück einschieben, wenn der Hunger schon vor dem Mittagessen kommt.

Haben Sie morgens bisher von Marmeladenbrötchen oder -broten gelebt, so sollten Sie sich umstellen. Zu viel Zucker, der rasant ins Blut geht, steckt in der Marmelade – und zwar bis zu 60 Prozent. Weißmehlbrötchen enthalten ebenfalls Kohlenhydrate, ohne ausgleichende Ballaststoffe mitzubringen. Pikante Aufstriche sind wahrscheinlich kein akzeptabler Ersatz für Sie, aber vielleicht ein Quark mit frischen Früchten – ein Tipp: Magerquark mit kohlesäurehaltigem Mineralwasser verquirlt wird toll cremig. Oder Sie probieren einen fruchtigen Aufstrich mit besonders wenig Süße (Seite 32). Vielleicht kann ein warmer Brei mit Obst Ihren Süßappetit auch stillen. Probieren Sie es mal mit ungesüßter Erdnussbutter, ungesüßtem Apfel- oder Birnenkraut und – als sonntägliches Highlight – mit selbst gebackenen Vollkornbrötchen oder -Toast (Seite 36). Ihr Arzt wird Ihnen sagen, ob Ihre Diabetesausprägung mit diesem Frühstücksangebot vereinbar ist.

Gehören Sie eher zu den pikanten Frühstückerinnen, dann ist Ihnen schon mit magereren Wurst- und Käsesorten geholfen, natürlich auf einem Vollkornbrot oder -brötchen. Oder Sie bereichern das Frühstück mal mit einem pikanten Aufstrich (Seite 34).

Und wenn Sie morgens einfach nichts runterkriegen? Zwingen Sie sich zu nichts. Lassen Sie den Tag langsam angehen und verschieben Sie das Frühstück zeitlich nach hinten. Warten Sie aber nicht bis zum Mittagessen, da der Hunger dann zu groß ist. Ein Glas Wasser zum Kaffee, ein Milchshake oder eine Fruchtschorle sind besser als nichts. Oder probieren Sie schon zum Morgenkaffee einfach ein paar Apfelscheiben.

▶ Vollkornbrötchen mit Orangen-Joghurt-Aufstrich, Erdbeer-Rhabarber-Konfitüre und Zucchini-Tomaten-Quark

hand
crafted

Frischer Orangen-Joghurt-Aufstrich

Mit einer Extraportion Kalzium

▶ Für 2 Portionen, ca. 150 g
gelingt leicht
15 Min. + 30 Min. Ruhezeit
2–3 Orangen · Saft von ½ Zitrone · 3 EL fein gemahlener Naturreis · 100 g Joghurt · Süßstoff nach Geschmack · 1 Prise gem. Vanille

- Die Orangen filetieren und mit dem Zitronensaft vermischen. 30 Minuten ziehen lassen, dann im Mixer pürieren.
- Das Reismehl in eine Hälfte des Orangenpürees einrühren. Das Püree unter Rühren aufkochen und mindestens 2–3 Minuten köcheln lassen. Beiseitestellen und abkühlen lassen.
- Das restliche Orangenpüree und den Joghurt unter die abgekühlte Masse rühren und mit Süßstoff und Vanille abschmecken.

▶ Nährwerte pro Portion
195 kcal, 37 g KH (= 3,1 BE/3,7 KE), 3 g BS, 51 mg Ω-3-FS, 7 µg Jod, 1 mg Eisen, 119 mg Kalzium, 39 µg Folsäure

Tipp
Wer keine Mühle hat, kann den Reis im Mörser fein zerstoßen.

Nussiger Birnen-Apfel-Aufstrich

Ballaststoffe aus frischen Früchten

▶ Für 2 Portionen, ca. 200 g
geht schnell
10 Min.
2 Birnen · 1 Apfel · 2 EL frisch gepresster Orangensaft · 1 EL gemahlene Haselnüsse · 1 EL Magerquark · 1 EL Sahne · 1 Prise gemahlener Ingwer

- Birnen und Apfel waschen, vierteln und die Kerngehäuse entfernen. Das Fruchtfleisch in kleine Stücke schneiden.
- Das Obst zusammen mit dem Orangensaft pürieren.
- Dann die gemahlenen Haselnüsse unterrühren und zum Schluss den Quark, die Sahne und den Ingwer unterheben.

▶ Nährwerte pro Portion
160 kcal, 23 g KH (= 1,9 BE/2,3 KE), 5 g BS, 59 mg Ω-3-FS, 5 µg Jod, 1 mg Eisen, 53 mg Kalzium, 30 µg Folsäure

Tipp
Wer Ingwer nicht mag, lässt ihn einfach weg oder ersetzt ihn durch eine Prise Zimt.

Erdbeer-Rhabarber-Konfitüre

Süß und dennoch zuckerfrei mit Stevia

▶ **Für 2–3 Gläser**
geht schnell
15 Min.
375 g Erdbeeren · 125 g Rhabarber · 20 Tropfen Stevia Fluid · Saft von ½ Zitrone · 3 ½ EL flüssiges Apfelpektin

- Die Erdbeeren waschen, die Blütenansätze entfernen und die Früchte halbieren oder vierteln. Den Rhabarber waschen, schälen und in kleine Stücke schneiden.
- Erdbeeren und Rhabarber mit Stevia und Zitronensaft in einen großen Topf geben und unter Rühren zum Kochen bringen.
- Die Fruchtmasse etwa 10 Minuten kochen lassen. Das Apfelpektin unterrühren und die Konfitüre nochmals kurz aufkochen.
- Sofort in heiß ausgespülte Gläser füllen und gut verschließen.

▶ **Nährwerte pro Portion**
8,6 kcal, 1,4 g KH (= 0,1 BE/0,1 KE), 1,8 g BS, 22 g Omega-3-FS, 0,3 g Jod, 232 µg Eisen, 20 mg Kalzium, 3,2 µg Folsäure

Cremiger Erdbeer-Pistazien-Aufstrich

Fruchtig-frischer Frühstücksgenuss

▶ **Für 2 Portionen, ca. 200 g**
geht schnell
10 Min.
100 g Erdbeeren · 40 g Pistazien · 40 g weiche Butter · 30 g Frischkäse · Süßstoff nach Geschmack

- Die Erdbeeren waschen, die Blütenansätze entfernen und das Fruchtfleisch in feine Würfel schneiden.
- Die Pistazien fein hacken und mit der Butter und dem Frischkäse verrühren.
- Zum Schluss vorsichtig die Erdbeeren unterheben und mit etwas Süßstoff abschmecken.

▶ **Nährwerte pro Portion**
95 kcal, 2 g KH (= 0,2 BE/0,2 KE), 1 g BS, 109 mg Ω-3-FS, 1 µg Jod, 0,5 mg Eisen, 16 mg Kalzium, 7 µg Folsäure

Nussiger Zucchini-Tomaten-Quarkaufstrich

Viel Jod und Kalzium, keine BE-Anrechnung

▶ **Für 2 Portionen, ca. 250 g**
gelingt leicht
10 Min.
125 g Zucchini · ½ reife, aromatische Tomate · etwas glatte Petersilie · 100 g Magerquark · 3 EL gemahlene Haselnüsse · Jodsalz · Pfeffer · Paprikapulver oder Curry nach Geschmack

- Die Zucchini waschen, putzen und grob raspeln. Die Tomate waschen und würfeln. Die Petersilie waschen und fein hacken.
- Den Quark mit Petersilie und gemahlenen Nüssen glatt rühren.
- Mit den Händen etwas Saft aus den Zucchiniraspeln ausdrücken, dann die Zucchiniraspel mit dem Quark vermischen.
- Die Tomatenwürfel unterheben. Mit Pfeffer, Salz und – je nach Geschmack – mit Paprika oder Curry abschmecken.

▶ **Nährwerte pro Portion**
130 kcal, 5 g KH (= 0,4 BE/0,5 KE), 2 g BS, 94 mg Ω-3-FS, 37 µg Jod, 2 mg Eisen, 116 mg Kalzium, 63 µg Folsäure

Tipp
Schmeckt lecker auf frischem Vollkornbrot oder -brötchen, kann 2–3 Tage im Kühlschrank aufbewahrt werden, schmeckt aber frisch einfach am besten.

Orientalischer Joghurtaufstrich (Labneh)

Etwas Abwechslung beim Frühstück

▶ **Für 2 Portionen, ca. 250 g**
gut vorzubereiten
5 Min. + Abtropfzeit über Nacht
200 g Joghurt (natürlicher Fettgehalt) · je 1 kräftige Prise gemahlener Kreuzkümmel, Koriander, Cayennepfeffer und Jodsalz · 1 TL Schwarzkümmel

- Den Joghurt mit allen Gewürzen – bis auf den Schwarzkümmel – vermischen.
- Ein Sieb mit einer doppelten Lage Küchenpapier auslegen und über eine Schüssel hängen. Den Joghurt hineingeben und über Nacht im Kühlschrank abtropfen lassen.
- Vor dem Servieren mit Schwarzkümmel bestreuen.

▶ **Nährwerte pro Portion**
80 kcal, 5 g KH (= 0,4 BE/0,5 KE), 0,5 g BS, 66 mg Ω-3-FS, 41 µg Jod, 1 mg Eisen, 142 mg Kalzium, 10 µg Folsäure

Tipp
Dieser Aufstrich ist ganz einfach gemacht, man muss aber das Abtropfen des Joghurts über Nacht einplanen.

Tofuaufstrich mit Sesam und Lauch

Viel Kalzium aus Lauch und Sesam

▶ **Für 2 Personen, ca. 250 g**
gelingt leicht
20 Min.
100 g Lauch · 1 EL Sesam · 2 TL Sesamöl · 150 g Tofu · 2 EL Sojasauce · Salz · Cayennepfeffer

- Den Lauch putzen, waschen und in dünne Ringe schneiden.
- Den Sesam in einer Pfanne ohne Fett rösten, bis er zu duften beginnt. Dann aus der Pfanne nehmen und die Hälfte des Sesamöls darin erhitzen.
- Den Lauch im Öl wenige Minuten braten, bis er etwas weicher ist.
- Tofu und Sojasauce zusammen pürieren. Wenn die Konsistenz zu fest ist, etwas Wasser mitpürieren.
- Sesam und Lauch unter den Tofu heben und mit Salz und Cayennepfeffer abschmecken. Das restliche Sesamöl unterrühren.

▶ **Nährwerte:**
204 kcal, 4 g KH (= 0 BE/0 KE), 2,4 g Ballaststoffe, 2,4 µ Jod, 3 mg Eisen, 595 mg Omega-3-Fettsäuren, 200 mg Kalzium, 82 µg Folsäure

Tipp

Das Öl setzt sich schnell ab. Rühren Sie es vor dem Servieren einfach wieder unter.

Sellerie-Nuss-Mus

Ballaststoffreich mit kräftigem Geschmack

▶ **Für ca. 150 g**
gelingt leicht
5–10 Min.
50 g weiche Butter · ½ säuerlicher Apfel · 75 g Sellerie · 40 g gemahlene Haselnüsse · 1 TL Zitronensaft · 1 Prise gemahlener Ingwer · Pfeffer · Jodsalz

- Die Butter schaumig schlagen
- Apfel waschen und Sellerie putzen. Apfel vom Kerngehäuse befreien
- Apfel und Sellerie fein reiben, sofort mit den restlichen Zutaten unter die Butter mischen und pikant abschmecken.

▶ **Nährwerte pro Portion:**
83 kcal, 1,6 g KH (= 0,1 BE/0,2 KE), 824 mg BS, 78 mg Omega-3-FS, 0,2 mg Eisen, 0,1 µg Jod, 5 µg Folsäure

Tipp

Das Mus hält sich eine Woche im Kühlschrank. Sie können es also gut für den Vorrat zubereiten.

Brötchen und Toast aus Vollkorn selbst backen

Zur Feier des Wochenendes sind selbst gebackene Frühstücksbrötchen oder selbst gebackenes Toastbrot das Highlight auf dem Frühstückstisch. Morgens noch mal kurz in den Ofen geschoben, kann man die Brötchen sogar knusprig und ofenwarm präsentieren.

Aber auch am Tag nach dem Backen sind Vollkornbrötchen so gut wie frisch gebacken, denn Vollkorn hält Backwerk länger frisch als Weißmehl. Vollkornbrötchen und -toast können übrigens leckerer sein als die Weißmehlversionen, die eher wenig Geschmack haben. Der nussige Vollkorngeschmack kommt beim Toast durch das Rösten besonders gut zur Geltung.

Vollkorn-Sonnenblumen-Brötchen

▶ **Für 8–12 Stück**
gelingt leicht
15 Min. + 30 Min. Gehzeit + 35 Min. im Backofen

½ Würfel Hefe · 500 g Dinkelvollkornmehl · 150 g Sonnenblumenkerne · 140 g Magerquark · 1 ½ TL Jodsalz · 1 EL Obstessig · 1 Prise Zucker

- Hefe zerbröseln und mit Zucker vermischen. Vollkornmehl, Sonnenblumenkerne, Magerquark, Salz und Obstessig zugeben und mit 300 ml lauwarmem Wasser 2–3 Minuten zu einem geschmeidigen Teig verrühren. Abgedeckt 30 Minuten gehen lassen.
- Den Teig nochmals durchkneten. Mit den Händen kleine Brötchen formen und auf ein gefettetes Blech setzen.
- Nochmals 10 Minuten gehen lassen und im nicht vorgeheizten Backofen bei 200 Grad 30–35 Minuten backen.

▶ **Nährwerte pro Stück**
225 kcal, 29 g KH (= 2,4 BE/2,9 KE), 4 g BS, 66 mg Ω-3-FS, 19 µg Jod, 2 mg Eisen, 40 mg Kalzium, 58 µg Folsäure

Vollkorn-Toastbrot

Dieses Rezept sieht auf den ersten Blick wegen der vielen Gehzeiten furchtbar kompliziert aus, ist es aber überhaupt nicht. Denn während der Teig geht, braucht er keinerlei Hilfestellung und man kann etwas anderes machen. Die langen Gehzeiten lohnen sich, dadurch wird das Brot nämlich richtig fluffig, wie es sich gehört!

▶ **Für 500 g/20 Scheiben**
gelingt leicht
25 Min. + 3 Std. Gehzeit + 40 Min. im Backofen
250 g Weizen- oder Dinkelvollkornmehl · 250 g Weizenmehl Type 550 oder Dinkelmehl Type 630 · 1 Päckchen Trockenhefe · 1 TL Jodsalz · 2 EL Butter · 1 Prise Zucker

- Vollkornmehl und helles Mehl mit Trockenhefe vermischen und Salz dazugeben.
- 300 ml lauwarmes Wasser, Butter und Zucker vermischen. Zum Mehl geben und mit dem Knethaken des Handrührgeräts oder der Küchenmaschine gut miteinander vermischen.
- Den Teig etwa 10 Minuten kneten, dann auf einer bemehlten Arbeitsfläche nochmals mit den Händen etwa 5 Minuten durchkneten. Abgedeckt an einem warmen Ort 1 Stunde gehen lassen. Nochmals durchkneten, wieder etwa 50 Minuten gehen lassen, erneut durchkneten und diesmal etwa 40 Minuten gehen lassen, dann wieder durchkneten. Der Teig sollte nach jedem Gehvorgang sein Volumen um zwei Drittel vergrößert haben.
- Nun den Teig zu einer Rolle formen und in eine gefettete und bemehlte Kastenform legen. Ein letztes Mal etwa 40 Minuten gehen lassen, bis sich das Volumen verdoppelt hat.
- Den Backofen auf 180 Grad vorheizen und das Brot mit Wasser besprühen.
- Das Brot in den Ofen stellen, darunter die mit Wasser gefüllte Fettpfanne einschieben. Das Brot etwa 40 Minuten backen. Danach noch 10 Minuten im ausgestellten Ofen stehen lassen.

▶ **Nährwerte pro Scheibe**
100 kcal, 17 g KH (= 1,4 BE/1,7 KE), 2 g BS, 40 mg Ω-3-FS, 7 µg Jod, 1 mg Eisen, 6 mg Kalzium, 22 µg Folsäure

Pikanter Putenaufstrich mit Kapern

Köstlich auf Vollkornbrot

▶ Für 2 Portionen, ca. 200 g
gelingt leicht
5–10 Min.
150 g gegartes Putenfleisch · Saft von ½ Zitrone · 2 EL fettarme Mayonnaise · 1 EL Schnittlauchröllchen · Jodsalz · Pfeffer · ½ TL Kapern

- Putenfleisch klein zupfen und mit Zitronensaft, Mayonnaise und Schnittlauch cremig rühren.
- Den Aufstrich mit Salz und Pfeffer abschmecken und zum Schluss die Kapern unterrühren.

Variante: Auch lecker und etwas fettärmer: statt Mayonnaise Joghurt nehmen.

▶ Nährwerte pro Portion
191 kcal, 3 g KH (= 0,1 BE/0,2 KE), 246 mg BS, 265 mg Ω-3-FS, 2 µg Jod, 974 µg Eisen, 27 mg Kalzium, 8 µg Folsäure

Fruchtiges Frischkornmüsli

Kerniger Start in den Tag

▶ Für 2 Portionen
braucht etwas mehr Zeit
10 Min. + Quellzeit über Nacht
65–80 g Dinkel (ganzes Korn) · 2 TL frisch gepresster Orangensaft · 2 TL Sonnenblumenkerne · 2 TL Haselnüsse · 1 kleiner Apfel · 35–65 g weiteres Obst der Saison · 50 g Sahne

- Am Vortag den Dinkel grob schroten. Langsam so viel kaltes Wasser unterrühren, bis ein dicker Brei entsteht und das Wasser komplett aufgenommen wurde. Über Nacht im Kühlschrank quellen lassen.
- Am nächsten Morgen mit Orangensaft, Sonnenblumenkernen und Haselnüssen vermischen.
- Den Apfel waschen, reiben und unterheben. Das übrige Obst waschen, putzen, bei Bedarf klein schneiden und ebenfalls unterheben.
- Zum Schluss die Sahne leicht schlagen und vorsichtig unterheben.

▶ Nährwerte pro Portion
270 kcal, 33 g KH (= 2,8 BE/3,3 KE), 5 g BS, 0 mg Ω-3-FS, 7 µg Jod, 2 mg Eisen, 51 mg Kalzium, 32 µg Folsäure

Birnen-Bananen-Müsli mit Sojaflocken

Fast unschlagbar in Ballaststoffen, Omega-3-Fettsäuren, Kalzium und Folsäure!

▶ **Für 2 Portionen**
preisgünstig
5–10 Min.
1 Banane · 1 Birne · 100 g Sojaflocken · 1 EL Sonnenblumenkerne · 2 EL Leinsamen · Süßstoff nach Geschmack · 300 ml Sojamilch · 2 Prisen Zimt

- Die Banane schälen und in dünne Scheiben schneiden, die Birne waschen und würfeln.
- Sojaflocken, Sonnenblumenkerne und Leinsamen dazugeben und je nach Belieben süßen.
- Anschließend Sojamilch darübergießen und das Birnen-Bananen-Müsli mit etwas Zimt bestäuben.

▶ **Nährwerte pro Portion**
640 kcal, 20 g KH (= 1,7 BE/2 KE), 31 g BS, 3900 mg Ω-3-FS, 13 µg Jod, 15 mg Eisen, 384 mg Kalzium, 185 µg Folsäure

Schneller Erdbeer-Porridge

Lecker und kalorienarm

▶ **Für 2 Portionen**
geht schnell
10 Min.
80 g kernige Haferflocken · Süßstoff nach Geschmack · 240 g frische Erdbeeren · 6 EL fettarme Milch

- Die Haferflocken mit 125 ml Wasser unter ständigem Rühren aufkochen und abgedeckt 3–4 Minuten stehen lassen. Nach Wunsch mit etwas Süßstoff abschmecken.
- Währenddessen die Erdbeeren waschen, die Blütenansätze entfernen und das Fruchtfleisch würfeln. Um den Porridge herum anrichten und die Milch zugeben.

▶ **Nährwerte pro Portion**
200 kcal, 33 g KH (= 2,8 BE/3,3 KE), 5 g BS, 160 mg Ω-3-FS, 9 µg Jod, 3 mg Eisen, 93 mg Kalzium, 30 µg Folsäure

Zu Hause und unterwegs: pikante Zwischenmahlzeiten und Snacks

Mehrere kleine Mahlzeiten am Tag zu essen ist besser als nur drei große Hauptmahlzeiten, denn so können Sie Ihren Blutzucker gut konstant halten. Zwischenmahlzeiten sind also nicht nur erlaubt, sondern sollten sogar sein.

Bei allen Formen von Diabetes wird empfohlen, mehr als drei große Mahlzeiten täglich zu essen, zwei bis vier Zwischenmahlzeiten nebenher sind ideal. Damit vermeiden Sie außerdem, vor lauter Heißhunger unkontrolliert etwas in sich hineinzustopfen.

Am einfachsten machen Sie es sich stets, wenn Sie nicht viel vor- oder zubereiten müssen, im Idealfall ist schon etwas da: Zum Beispiel ist etwas rohes Gemüse – eine Möhre, ein Stück Kohlrabi oder Gurke – eine ideale und supergesunde Knabberei, bei der keinerlei Zubereitung anfällt. Mehr Abwechslung gibt's mit einem gesunden Dip dazu, der auch schnell gemacht ist, siehe Kapitel Saucen und Dips (Seite 93). Auch gut: Vollkornsalzstangen und -brezeln (mit wenig Salz, am besten einen Teil abbröseln. Noch besser mit Sesam anstelle von Salz), oder Grissini, die es auch in der Vollkornvariante gibt. Die bekommen Sie zum Beispiel in Reformhäusern und Bioläden oder Sie backen sie selbst (Seite 44). Ein Vollkornbrot, -brötchen oder -knäckebrot mit einem Aufstrich passt auch immer, ein kleiner Salat oder etwas Suppe. Rezepte dafür finden Sie in den Kapiteln Frühstück (Seite 30), Salate (Seite 48) und Suppen (Seite 55). Bei den Salaten und Suppen sollten Sie als Zwischenmahlzeit nur die Hälfte der angegebenen Portion nehmen. Auch Fischkonserven mit fettem Fisch können Sie immer vorrätig haben.

Unterwegs oder im Job ist die Versuchung, sich auf die Schnelle einen ungesunden Snack oder eine ungesunde Mahlzeit zu besorgen, besonders groß. Wenn Sie länger unterwegs sind oder shoppen gehen, meldet sich der kleine Hunger unweigerlich irgendwann. Tipps für diabetesgerechte Snacks außer Haus finden Sie in der Einleitung (Seite 26). Bietet sich keine Gelegenheit für akzeptable Zwischenmahlzeiten außer Haus, vielleicht, weil Sie in der Natur unterwegs sind, dann sollten Sie etwas Essbares dabeihaben, das Ihnen schmeckt und guttut, zum Beispiel einen Kräuter-Quark-Muffin (Seite 42). Viele Rezepte in diesem Kapitel eignen sich gut zum Mitnehmen.

▶ Kräuter-Quark-Muffin, Hähnchen-Mozzarella-Toast und vegetarische Pizzaschnecke

Kräuter-Quark-Muffins

Frische Kräuter und viel Geschmack

▶ Für 12 Stück
geht schnell
10 Min. + 20–25 Min. im Backofen
1 Bund Petersilie · 1 Bund Schnittlauch · 250 g Magerquark · 200 ml Milch · 4 EL Öl und etwas für die Förmchen · 2 Eier · 100 g Dinkelmehl Type 1050 · 150 g Dinkelvollkornmehl · 1 Päckchen Backpulver · Jodsalz

- Den Backofen auf 180 Grad vorheizen. Die Kräuter waschen, trocken schütteln und fein hacken.
- Den Quark mit der Milch verrühren, dann Öl, Kräuter, Eier, Mehl, Backpulver und Salz zugeben und kurz vermischen.
- Den Teig auf 12 gefettete Muffinförmchen verteilen und im vorgeheizten Backofen 20–25 Minuten backen.

Das passt dazu: Schmeckt auch mit Kräuterquark kombiniert sehr lecker.

▶ Nährwerte pro Stück
150 kcal, 15 g KH (= 1,3 BE/1,5 KE), 2 g BS, 273 mg Ω-3-FS, 10 µg Jod, 1 mg Eisen, 62 mg Kalzium, 25 µg Folsäure

Hähnchen-Mozzarella-Toast

Knuspriger Genuss – mit etwas mehr Kohlenhydraten

▶ Für 2 Portionen
exotische Zutaten
20–25 Min.
1 Tomate · ½ Mango · 200 g Hähnchenbrustfilet · 50 g Mozzarella · Jodsalz · frisch gemahlener schwarzer Pfeffer · Cayennepfeffer nach Belieben · 1 TL Sojasauce · 4 Scheiben Vollkorntoast

- Den Backofen auf 200 Grad vorheizen. Die Tomate waschen und fein würfeln, die Mango schälen und fein würfeln, Hähnchenbrust und Mozzarella ebenfalls fein würfeln.
- Die gewürfelten Zutaten vermischen und mit Salz, Pfeffer, Cayennepfeffer und Sojasauce abschmecken.
- Das Toastbrot toasten, die Hähnchenmasse darauf verteilen und im vorgeheizten Ofen etwa 15 Minuten backen.

▶ Nährwerte pro Portion
330 kcal, 30 g KH (= 2,5 BE/3 KE), 3 g BS, 218 mg Ω-3-FS, 37 µg Jod, 2 mg Eisen, 0 mg Kalzium, 83 µg Folsäure

Vegetarische Pizzaschnecken

Guter Folsäuregehalt

- Das Mehl in eine Schüssel geben und in der Mitte eine Mulde formen. Die Hefe hineinbröckeln, Zucker und 2–3 Esslöffel lauwarmes Wasser zugeben und mit etwas Mehl vom Rand verrühren. Bei Zimmertemperatur zugedeckt 30 Minuten gehen lassen.
- In der Zwischenzeit 2 Esslöffel Olivenöl in einem Topf erhitzen und die Tomaten mit Salz, Pfeffer und den übrigen Gewürzen hineingeben. Köcheln lassen, bis die Sauce etwas eingedickt ist. Leicht abkühlen lassen.
- Die Oliven halbieren, die Artischocken abtropfen lassen und kleinschneiden. Den Schafskäse mit 1–2 Esslöffeln Olivenöl zu einer geschmeidigen Masse kneten.
- Den Hefe-Vorteig mit dem restlichen Mehl, 6 Esslöffeln Olivenöl, 1 ½ Teelöffeln Salz und 275 ml lauwarmem Wasser zu einem glatten Teig verarbeiten. Zugedeckt nochmals 30 Minuten gehen lassen. Dann kräftig durchkneten und zu einem Rechteck von 30 × 50 cm Größe ausrollen.
- Den Backofen auf 220 Grad vorheizen. Den Teig mit etwas Olivenöl bestreichen. Die Tomatensauce darauf verteilen, mit Oliven, Kapern, Artischocken und Schafskäse belegen.
- Von der Längsseite her einrollen. Die Rolle in 18 Scheiben schneiden. Mit etwas Olivenöl beträufeln und auf dem mit Backpapier belegten Backblech 20–25 Minuten backen.

▶ **Nährwerte pro Portion**

195 kcal, 18 g KH (= 1,5 BE/1,8 KE), 5 g BS, 137 mg Ω-3-FS, 12 µg Jod, 2 mg Eisen, 92 mg Kalzium, 52 µg Folsäure

▶ **Für 18 Stück**

braucht etwas mehr Zeit

1 Std. + 20–25 Min. im Backofen

500 g Weizenvollkornmehl · **1 Würfel** frische Hefe (42 g) · **1 Prise** Zucker · **9–10 EL** Olivenöl und etwas zum Beträufeln und Bestreichen · **1 Dose** stückige Tomaten (400 g) · Jodsalz · frisch gemahlener schwarzer Pfeffer · **1 TL** getrockneter Thymian · **2 TL** getrockneter Majoran · **1 EL** getrockneter Basilikum · **½ EL** getrockneter Rosmarin · **100 g** schwarze Oliven ohne Stein · **250 g** Artischocken (aus der Dose) · **250 g** Schafskäse · **1–2 EL** Kapern

Vollkorn-Grissini

Gesunde Knabberei

▶ **Für 10 Stück**
gut vorzubereiten
10 Min. +
55 Min. Ruhezeit +
15 Min. im Backofen
500 g Vollkorn-Weizenmehl · 1 Würfel Hefe · 1 Prise Zucker · 6 EL Olivenöl · 1 TL Jodsalz · 2 EL Milch

- Das Mehl in eine Schüssel geben und in die Mitte eine Mulde drücken. Die Hefe hineinbröckeln, 1 Prise Zucker und 2–3 Esslöffel lauwarmes Wasser zugeben und mit etwas Mehl vom Rand verrühren. Bei Zimmertemperatur zugedeckt 15–20 Minuten gehen lassen. Dann den Vorteig mit dem restlichen Mehl, dem Olivenöl, dem Jodsalz und 200 ml lauwarmem Wasser zu einem glatten Teig verarbeiten.
- Zugedeckt nochmals 30 Minuten gehen lassen, dann auf der bemehlten Arbeitsfläche etwa 2 cm dick ausrollen und in 10 cm lange Streifen schneiden. Diese zu 20–25 cm langen Rollen formen.
- Den Backofen auf 220 Grad vorheizen. Die Grissini auf ein gefettetes Backblech legen und zugedeckt 10 Minuten gehen lassen. Die Stangen mit Milch bestreichen und auf der oberen Schiene 15 Minuten goldgelb backen.

Das passt dazu: Verschiedene Gemüsedips.

Variante: Grissini kann man in ganz verschiedenen Varianten backen: Als Knoblauchgrissini mit 2–3 durchgedrückten Knoblauchzehen oder als Pizzagrissini mit 1 Esslöffel Pizzagewürz im Teig. Wälzt man die Stangen vor dem Backen in Sesam oder Rosmarin, hat man wieder andere Geschmacksvariationen.

▶ **Nährwerte pro Stück**
225 kcal, 30 g KH (= 2,5 BE/3 KE), 5 g BS, 92 mg Ω-3-FS, 14 µg Jod, 2 mg Eisen, 21 mg Kalzium, 76 µg Folsäure

Tomaten-Schafskäse-Rührei

Viel Jod, Kalzium und Folsäure

- Die Frühlingszwiebeln putzen, waschen und in feine Ringe schneiden. Die Tomaten kreuzförmig einritzen, mit kochendem Wasser übergießen, kurz stehen lassen, die Haut abziehen, Früchte halbieren, die Stielansätze herausschneiden und das Fruchtfleisch würfeln.
- Die Petersilie waschen, trocken schütteln, die Blättchen abzupfen und fein hacken. Den Schafskäse mit der Gabel grob zerbröckeln.
- Das Öl in einer großen Pfanne erhitzen. Die Frühlingszwiebeln darin glasig dünsten. Die Tomaten zugeben und unter gelegentlichem Rühren bei mittlerer Hitze 4–5 Minuten schmoren.
- Die Eier in einer Schüssel verquirlen und mit Salz, Pfeffer, Paprikapulver und Oregano würzen. Die Eiermasse über das Gemüse gießen und mithilfe eines Pfannenwenders leicht mit dem Gemüse vermischen.
- Die Eier kurz stocken lassen, dann Schafskäse und Petersilie darüberstreuen. Zugedeckt noch 4 Minuten auf der ausgeschalteten Platte stehen lassen, bis die Eier vollständig gestockt sind.

▶ Nährwerte pro Portion

270 kcal, 5 g KH (= 0,4 BE/0,5 KE), 2 g BS, 502 mg Ω-3-FS, 38 µg Jod, 3 mg Eisen, 218 mg Kalzium, 109 µg Folsäure

▶ Für 2 Portionen

geht schnell

20 Min.

½ Bund Frühlingszwiebeln · **200 g** Tomaten · **4 Stängel** glatte Petersilie · **50 g** Schafskäse · **2 TL** Olivenöl · **3** Eier · Jodsalz · frisch gemahlener schwarzer Pfeffer · **1 Msp.** rosenscharfes Paprikapulver · **¼ TL** getrockneter Oregano

Vollkorn-Mohn-Cracker

Ein leckerer Knabbervorrat

▶ **Für ca. 30 Stück**

gut vorzubereiten

15 Min. + 1 Std. Kühlzeit + 20 Min. im Backofen

150 g Butter · 50 g Magerquark · 2 EL Joghurt · 4 EL Mohn oder Sesam · 2 EL geriebener Parmesan · 1 TL Jodsalz · 250 g Vollkorn-Weizenmehl · 2 EL Milch

- Butter, Magerquark, Joghurt, 1 Esslöffel Mohn oder Sesam, Parmesan und Jodsalz zusammen cremig rühren. Das Mehl dazugeben und schnell miteinander zu einem festen Teig verkneten. 1 Stunde im Kühlschrank ruhen lassen.
- Dann den Teig ca. 4 mm dick ausrollen und etwa 4 × 4 cm große Cracker ausrädeln. Den Backofen auf 220 Grad vorheizen.
- Ein Backblech mit Backpapier auslegen, die Cracker darauflegen, mit Milch bestreichen und mit 3 Esslöffeln Mohn oder Sesam bestreuen. Im vorgeheizten Ofen etwa 20 Minuten backen.

▶ **Nährwerte pro Stück**

45 kcal, 5 g KH (= 0,4 BE/0,5 KE), 1 g BS, 26 mg Ω-3-FS, 5 µg Jod, 0,5 mg Eisen, 35 mg Kalzium, 6 µg Folsäure

Rucola-Wraps mit Räucherlachs

Viele Omega-3-Fettsäuren und Jod

▶ **Für 2 Portionen**

gelingt leicht

15–20 Min.

1 EL Pinienkerne · 50 g Schmand · 25 g saure Sahne · ½ TL Senf · ½ TL Zitronensaft · Jodsalz · frisch gemahlener schwarzer Pfeffer · 1 Handvoll Rucola · 50 g Kirschtomaten · 75 g Räucherlachsscheiben · 2 Maistortillas

- Die Pinienkerne in einer trockenen Pfanne ohne Fett goldbraun rösten und vom Herd nehmen.
- Schmand, saure Sahne, Senf und Zitronensaft verrühren, salzen und pfeffern.
- Den Rucola waschen, trocken schütteln und grob zerpflücken. Die Tomaten waschen und vierteln. Den Lachs in breite Streifen schneiden.
- Die Tortillas nach Packungsangabe in einer heißen Pfanne ohne Fett von beiden Seiten kurz erhitzen. Die Schmandmasse auf die Wraps streichen, mit Rucola, Lachs und Tomaten belegen. Die Pinienkerne darüberstreuen.
- Die Wraps aufrollen. Mit Holzspießchen zustecken, damit sich die Wraps nicht wieder ausrollen.

▶ **Nährwerte pro Portion**

245 kcal, 17 g KH (= 1,4 BE/1,7 KE), 1 g BS, 692 mg Ω-3-FS, 63 µg Jod, 2 mg Eisen, 64 mg Kalzium, 34 µg Folsäure

Deftige Brotzeit mal anders

Brotzeit, Vesper, Jause: Egal, wie man die pikante Zwischenmahlzeit nennt, sie ist auf jeden Fall recht deftig und sättigend. Da Sie täglich Zwischenmahlzeiten einschieben sollten, ist so ein kräftiges Intermezzo ein toller Sattmacher für Sie, wenn Sie ein paar Dinge beachten.

Die klassische Zwischenmahlzeit besteht immer aus Brot, deftiger Wurst, Käse und je nach Region dem berühmten Radi, sauren Gurken oder anderen pikanten Beigaben. Ein Bier, Wein oder Schnaps komplettiert die kräftige Mahlzeit. Von Letzteren – das haben Sie sich sicher schon gedacht – sollten Sie absehen. Alkohol ist weder für Ihr Kind noch für Ihren Diabetes gut.

Entscheiden Sie sich auf jeden Fall für ein Vollkornbrot. Bei einer Brotzeit kann es nicht deftig genug zugehen, deshalb ist ein Roggenvollkornbrot eine gute Wahl, gerne auch ein grobes Roggenschrotbrot. Oder nehmen Sie ein Low-Carb- oder Eiweißbrot. Passen Sie aber auf, dass Sie kein gefärbtes Körnerbrot erwischen, das nur wie Vollkorn tut, aber – um die typische dunklere Farbe zu erreichen – mit Zuckerkulör gefärbt ist. Zucker im Brot können Sie wirklich nicht gebrauchen.

Was die Wurst betrifft, achten Sie auf den Fettgehalt. Die typischen Brotzeitsorten wie Presssack sind viel zu fett. Magere Sorten sind beispielsweise Geflügelwurst, Schinkenwurst, Krakauer und Kochschinken (Fettrand abschneiden). Corned Beef und kalter Braten sind ebenfalls geeignet. An mageren Käsesorten sind Sauermilchkäse wie Harzer und Handkäse ideal, aber auch Hüttenkäse und Frischkäse. Auch Mozzarella und Feta sind recht fettarme Sorten.

Gegen Rettich, Radieschen, saure Gurken etc. ist überhaupt nichts einzuwenden. Einige Apfelspalten ergänzen die Brotzeit schön mit einer süßsäuerlichen Note.

Wenn Alkohol aus guten Gründen nicht erlaubt ist, welche Getränke dürfen Sie zu so einer deftigen Mahlzeit genießen? Schließlich gehört zur Brotzeit nun mal ein ordentlicher Durstlöscher. Bier gibt es auch alkoholfrei, dennoch ist auch das leider nicht uneingeschränkt zu empfehlen. Es kommt auf den Restzuckergehalt an, der bei alkoholfreien Sorten oft erhöht ist. Doch es gibt eine Produktionsmethode, bei der der Zucker stark abgebaut wird. Über ihre Homepage geben die Brauereien Auskunft über die Brennwerte ihrer Biersorten. Malzbier ist leider gar nicht zu empfehlen, denn der Malz, der das Bier so schön süß macht, ist nichts anderes als Zucker. Besser und wunderbar erfrischend ist zum Beispiel eine stark verdünnte Apfelschorle.

Frisch, knackig und immer passend: Salate

Auch Salat macht satt. Hier geht es um mehr als ein paar grüne Blättchen mit etwas Essig und Öl, obwohl das natürlich auch gesund ist und schmeckt.

Es gibt unzählige Variationen mit Fleisch, Fisch, Gemüse, Reis, Kartoffeln und so vielem mehr – die Salate in diesem Buch sättigen, haben aber nicht zu viel Fett und sind gut zu Ihrem Blutzuckerspiegel. Auch hier gilt natürlich wie bei allen Speisen, dass Ballaststoffe nicht hoch genug geschätzt werden können. Nudel- und Reissalate also am besten in der Vollkornversion wählen. Sollen es keine Vollkornnudeln sein, denn in manchen Rezepten ist der kräftige Geschmack von Vollkornnudeln zu dominant, dann sind al dente gekochte Nudeln deutlich besser als weich gekochte, besonders wenn Gemüse und andere Zutaten noch Ballaststoffe beisteuern. Zu lange gekochte Nudeln haben dagegen einen höheren glykämischen Index und sind nicht zu empfehlen.

Salate eignen sich auch ganz toll zur Resteverwertung. Ist noch etwas gekochtes Gemüse übrig? Verwenden Sie es in einem Salat. Sind vom Vortag noch Nudeln, Reis oder Kartoffeln da? Klasse, das ist die ideale Grundlage für einen Salat. Ist nicht der ganze Braten oder das Hähnchen aufgegessen worden? Sehr gut, das gibt eine schöne Salatzutat. Selbst ganze Gerichte lassen sich, mit einem Dressing aus Essig und Öl angemacht, zu leckeren Salaten zweitverwerten, wenn sie nicht zu viel Sauce mitbringen. Nudeln, Reis, Couscous oder Hirse mit Gemüse zum Beispiel.

Schnell gehen Rohkostsalate, für die Sie nur die Zutaten klein schneiden und mit einem Dressing vermischen müssen. Rohes Gemüse sollte ohnehin öfter Ihren Speiseplan bereichern, denn darin sind noch die meisten Vitamine, Mineralstoffe und Spurenelemente enthalten, die Sie und Ihr Kind brauchen. Da sich diese besonders reichlich direkt unter der Schale befinden, verwendet man diese möglichst mit. Möhren zum Beispiel also besser nicht schälen, sondern gründlich mit einer Gemüsebrüste schrubben und ungeschält genießen. Zum Stichwort Möhren erfahren Sie aber eine Ausnahme von der Regel, dass roh gesünder als gekocht ist, denn Möhren enthalten besonders viel Beta-Carotin, der Vorform von Vitamin A, das durch das Kochen aufgeschlossen und damit besser verfügbar wird. Sie können auch durch die Zugabe von ein paar Tropfen Öl diese Verfügbarkeit verbessern – wie es in Salaten üblich ist.

Leichter Waldorfsalat

Fast das Original aus dem berühmten New Yorker Hotel

▶ **Für 2 Portionen**
gut vorzubereiten
20 Min. + 30 Min. zum Durchziehen
1 kleine Sellerieknolle · 1 ½ säuerliche Äpfel · 50 g Walnüsse · Saft von ½ Zitrone · 1 EL fettarme Mayonnaise · 1 EL Joghurt · Jodsalz · frisch gemahlener schwarzer Pfeffer · 1 Prise Zucker · 2 EL Sahne

- Den Sellerie putzen und grob raspeln, die Äpfel waschen, vierteln, die Kerngehäuse entfernen und das Fruchtfleisch grob raspeln. Die Walnüsse grob hacken. Alles mit dem Zitronensaft mischen.
- Die Mayonnaise und den Joghurt verrühren, mit Salz, Pfeffer und Zucker abschmecken und unter den Salat heben.
- Die Sahne steif schlagen und ebenfalls unterheben. Im Kühlschrank 30 Minuten durchziehen lassen.

▶ **Nährwerte pro Portion**
300 kcal, 18 g KH (= 1,5 BE/1,8 KE), 6 g BS, 1700 mg Ω-3-FS, 6 µg Jod, 2 mg Eisen, 94 mg Kalzium, 36 µg Folsäure

Nudel-Hähnchen-Salat mit Artischocken

Viele Kohlenhydrate, relativ viele BE

▶ **Für 2 Portionen**
braucht etwas mehr Zeit
15–20 Min. + einige Stunden zum Durchziehen
150 g Vollkorn-Spirelli · Jodsalz · ca. 200 g eingelegte Artischockenherzen · ½ gebratenes Hähnchen · 1 ½ EL Olivenöl · ½ EL Senf · frisch gemahlener schwarzer Pfeffer · 1 EL Weißweinessig

- Die Nudeln in kochendem Salzwasser nach Packungsanweisung al dente garen.
- Währenddessen die Artischockenherzen abgießen und in Stücke schneiden. Die Haut vom gebratenen Hähnchen entfernen, das Fleisch von den Knochen lösen und in Stücke schneiden.
- Die Nudeln abgießen, unter kaltem Wasser abschrecken und gut abtropfen lassen. Mit 1 Esslöffel Olivenöl vermischen. Die Artischocken- und Hähnchenstücke hinzufügen.
- Den Senf mit Pfeffer, 1 Prise Salz, Essig und dem restlichen Olivenöl verrühren, über die Nudeln geben und gut vermischen. Im Kühlschrank einige Stunden durchziehen lassen.

▶ **Nährwerte pro Portion**
665 kcal, 53 g KH (= 4,4 BE/5,3 KE), 10 g BS, 404 mg Ω-3-FS, 41 µg Jod, 3 mg Eisen, 78 mg Kalzium, 33 µg Folsäure

Hirsesalat mit Apfel

Viel Eisen – mal pflanzlich

▶ **Für 2 Portionen**
gelingt leicht
35 Min.
100 g Hirse · 200 ml Gemüsebrühe · 1 Lorbeerblatt · ½ Zwiebel · 1 roter Apfel · ½ Avocado · 2½ EL Olivenöl · frisch gemahlener schwarzer Pfeffer · Jodsalz · 1 Msp. edelsüßes Paprikapulver · Saft von ½ Zitrone · 4–5 TL Apfelsaft

- Die Hirse mit der Brühe und dem Lorbeerblatt aufkochen, auf schwache Hitze reduzieren und etwa 25 Minuten oder nach Packungsanweisung quellen lassen.
- Währenddessen die Zwiebel schälen und würfeln. Den Apfel waschen, vierteln, das Kerngehäuse entfernen und das Fruchtfleisch in Stücke schneiden. Von der Avocado Schale und Kern entfernen und das Fruchtfleisch in mundgerechte Stücke schneiden.
- Das Lorbeerblatt aus der Hirse nehmen. 1 Esslöffel Öl, Pfeffer, Salz und Paprikapulver zugeben. Die Hirse abkühlen lassen.
- Aus Zitronensaft, dem übrigen Öl und Apfelsaft ein Dressing rühren. Salzen und pfeffern.
- Zwiebel, Apfel und Avocado mit der Hirse vermengen und anschließend das Dressing unterheben.

▶ **Nährwerte pro Portion**
395 kcal, 45 g KH (= 3,8 BE/4,5 KE), 5 g BS, 210 mg Ω-3-FS, 28 µg Jod, 5 mg Eisen, 41 mg Kalzium, 33 µg Folsäure

▶ Hirsesalat mit Apfel

Tüpfelchen auf dem i: Dressings

Fertige Salatdressings gibt es in unzähligen Varianten zu kaufen. Schaut man sich die Zutatenlisten genauer an, dann stellt man allerdings fest, dass fast immer viel zu viel Zucker im Spiel ist. Diese Mengen braucht niemand. Und auf die vielen Zusatzstoffe zum Konservieren, Geschmackverbessern usw. können Sie sowieso verzichten.

Selbermachen heißt das Zauberwort! Und warum eigentlich ein fertiges Dressing kaufen, wo doch selbst gemachte Dressings kaum Arbeit machen? Bei Dressings lohnt es sich, gleich einen kleineren Vorrat anzulegen, denn sie lassen sich gut aufbewahren – in Schraubdeckelgläsern abgefüllt im Kühlschrank mindestens eine Woche lang. Haben Sie zwei, drei Sorten im Kühlschrank, dann ist ein leckerer Salat mit Ihrem jeweiligen Lieblingsgeschmack schnell gemacht. Schütteln Sie das Glas vorher gut durch, damit sich alle Zutaten des Dressings wieder gut verbinden.

Zwei Grundzubereitungen bilden die Basis jedes Dressings: entweder eine Vinaigrette, das ist eine Mischung aus Essig und Öl mit einer Prise Zucker zur Geschmacksabrundung, oder ein Milchprodukt wie Joghurt, saure Sahne oder Buttermilch, dann kommen ebenfalls Öl, Essig und würzende Zutaten dazu.

Achten Sie darauf, dass alle Zutaten die gleiche Temperatur haben und dass das Öl erst zum Schluss zugegeben wird, wenn alle anderen Bestandteile gut vermischt sind. Salate mit festeren Zutaten brauchen übrigens etwas ölhaltigere Saucen als solche aus weichen Zutaten. Hier ein paar Anregungen für selbst gemachte Dressings:

Schnittlauch-saure-Sahne-Dressing

1 Bund Schnittlauch in feine Röllchen schneiden. **200 g saure Sahne** mit **1 Prise Zucker, Jodsalz, frisch gemahlenem schwarzem Pfeffer** und dem **Saft von 1 Zitrone** gründlich verrühren, dann **3 Teelöffel Öl** darunterschlagen und mit Salz, Pfeffer und Zucker abschmecken, die Schnittlauchröllchen unterrühren.

Italienisches Dressing

3 Esslöffel Rotweinessig, 1 Teelöffel körnigen Senf, Jodsalz, frisch gemahlenen schwarzen Pfeffer und **1 Prise Zucker** gründlich verrühren. Dann **5 Esslöffel Olivenöl** darunterschlagen. **1 fein gehackte Knoblauchzehe** und die fein gehackten Blättchen von je **2 Stängeln Oregano** und **Basilikum** darunterrühren.

Buttermilch-Orangen-Dressing

250 ml Buttermilch und den Saft und die abgeriebene Schale von **½ unbehandelten Orange** mit dem Schneebesen kräftig aufschlagen. Mit gemahlenem **Koriander, Jodsalz** und **Pfeffer** abschmecken.

Deftiger Rosenkohl-Topinambur-Salat

Ballaststoffe und das »Diabetiker-Kohlenhydrat« Inulin

- Für das Dressing saure Sahne, Joghurt, Essig, Senf und Salz vermischen.
- Den Rosenkohl waschen, putzen und in sehr feine Scheiben schneiden oder hobeln. Anschließend mit dem Dressing vermischen.
- Den Topinambur unter fließendem Wasser gründlich abbürsten, aber nicht schälen. Grob raspeln und sofort mit dem Rosenkohl vermengen. Die Nüsse grob hacken und unterheben.
- Die Paprikaschote waschen, Samen und Scheidewände entfernen und das Fruchtfleisch in feine Streifen schneiden. Über dem Salat verteilen.

▶ Nährwerte pro Portion

190 kcal, 12 g KH (= 1 BE/1,2 KE), 15 g BS, 239 mg Ω-3-FS, 18 µg Jod, 4 mg Eisen, 153 mg Kalzium, 0 µg Folsäure

Tipp

Topinambur ist eine ganz besondere Pflanze, die Sie sich merken sollten. Ihre essbare Knollenfrucht hat ganz spezielle innere Werte, und zwar in Form von Inulin. Dieses Kohlenhydrat wird nicht verdaut und wirkt im Darm als Ballaststoff, der aufquillt und Hungergefühle dämpft. Der Geschmack von Topinambur ist angenehm erdig und erinnert an Artischocken. Gekocht, gebraten oder als Püree ist er sehr vielseitig und passt gut zu Kartoffeln.

▶ Für 2 Portionen

preisgünstig

20 Min.

50 g saure Sahne · 100 g Joghurt · 1 EL Weißweinessig · 1 EL Senf · 1 Prise Jodsalz · 150 g Rosenkohl · 150 g Topinambur · 20 g Haselnüsse · ½ rote Paprikaschote

Matjes-Kartoffel-Salat mit Bohnen

Ein pikanter Genuss

▶ Für 2 Portionen
braucht etwas mehr Zeit
40 Min. +
30 Min. zum Durchziehen
400 g Kartoffeln · Jodsalz · 150 g grüne Bohnen · 1 rote Zwiebel · 4 Matjesfilets · 2 säuerliche Äpfel · 1 EL Zitronensaft · 2–3 EL Obstessig · 1 TL mittelscharfer Senf · schwarzer Pfeffer · 75 g geräucherter durchwachsener Speck · etwas Dill

- Die Kartoffeln unter fließendem Wasser gründlich abbürsten und in Salzwasser etwa 20 Minuten kochen. Die Bohnen putzen, waschen und in wenig Salzwasser 15–20 Minuten garen.
- Währenddessen die Zwiebel schälen und in dünne Ringe schneiden. Die Matjesfilets abwaschen, trocken tupfen und in mundgerechte Stücke teilen.
- Die Äpfel waschen, vierteln, die Kerngehäuse entfernen und das Fruchtfleisch quer in Spalten schneiden. Sofort mit etwas Zitronensaft beträufeln, damit sie nicht braun werden.
- Die Kartoffeln abgießen, pellen und etwas abkühlen lassen. Danach in Scheiben schneiden. Die Bohnen abtropfen lassen und in Stücke schneiden. Kartoffeln, Bohnen, Zwiebeln, Matjes und Äpfel vorsichtig mischen.
- Für die Marinade Essig, Senf und Pfeffer verrühren. Pikant abschmecken und über den Salat gießen. Vorsichtig mischen und mindestens 30 Minuten durchziehen lassen.
- Den Speck würfeln und knusprig braten. Vor dem Servieren unter den Salat mischen und nochmals abschmecken. Den Dill waschen, trocken schütteln und über den Salat streuen.

▶ Nährwerte pro Portion
605 kcal, 31 g KH (= 2,6 BE/3,1 KE), 6 g BS, 2620 mg Ω-3-FS, 119 µg Jod, 4 mg Eisen, 172 mg Kalzium, 88 µg Folsäure

Ein Topf, viel Geschmack: Suppen und Eintöpfe

Ob als leckere Hauptmahlzeit oder kleiner Snack zwischendurch – Suppen sind immer eine gute Wahl. Eine leichte Suppe im Sommer, ein deftiger Eintopf im Winter und nahezu unzählige Variationsmöglichkeiten: Hier ist für jeden Geschmack etwas dabei.

Suppen oder Eintöpfe sind wirklich superpraktisch. Natürlich, die Schnibbelei von Gemüse macht ein bisschen Arbeit, aber dann kommt alles nur noch zusammen in einen großen Topf und man kann das Ganze beim Kochen getrost sich selbst überlassen.

Zum Einfrieren sind solche Gerichte auch ideal. Und viele Eintöpfe schmecken ja sogar am nächsten Tag noch mal so gut, weil sie dann schön durchgezogen sind. Also am besten gleich für den nächsten Tag oder die Tiefkühltruhe vorsorgen und ein paar Portionen mehr kochen. Denken Sie auch ein bisschen weiter – wenn Ihr Baby da ist, beansprucht es viel von Ihrer Zeit. Ein paar leckere eingefrorene Suppen oder Eintöpfe, die Sie nur wieder warm machen müssen, sind dann mit Gold nicht aufzuwiegen.

Es gibt kaum etwas, was man nicht in einer Suppe oder einem Eintopf verarbeiten könnte: Gemüse der Saison, das besonders viele Vitamine und Mineralstoffe mitbringt, kommt genauso in den Topf wie ballaststoffreiche Hülsenfrüchte, Kartoffeln, magere Fleischsorten, Fisch oder Sojaprodukte wie Tofu. Und selbst Vollkornnudeln und -reis finden hier ihre Fans, weil ihr kräftig-nussiger Geschmack in leckerer Brühe besonders gut zur Geltung kommt.

Wer gerne zu seiner Suppe oder seinem Eintopf ein Stückchen Brot knabbert: Immer daran denken, dass Vollkorn die bessere Wahl ist. Zu deftigen Eintöpfen passt ein kräftiges Körnerbrot sowieso viel besser. Auch Einlagen wie Flädle und Backerbsen können mit Vollkorn hergestellt werden (Seite 63).

Geben Sie Fleisch in die Suppe, so entscheiden Sie sich für die mageren Sorten, also Huhn und Pute, Kalb oder Rinderfilet. Bei Wurst ist magerer Schinken ohne Fettrand oder Putenwurst angesagt, Würstchen wie Frankfurter und Wiener sind auch völlig in Ordnung. Entscheiden Sie sich bei Fisch für fetthaltige Meeresfische, die besonders viele gesunde Omega-3-Fettsäuren enthalten. Sie liefern außerdem viel wertvolles Jod, das sich ebenso in mageren Meeresfischen findet.

Deftige Bohnensuppe mit Sellerie, Tomaten und Chorizo

Viel Eisen, Kalzium und Folsäure

▶ **Für 2 Portionen**

braucht etwas mehr Zeit

1 Std. + Einweichzeit über Nacht

175 g weiße Bohnen · 500 ml Geflügelbrühe · 175 g Staudensellerie · 1 Zwiebel · 50 g Chorizo · 1 TL Öl · Jodsalz · frisch gemahlener schwarzer Pfeffer · edelsüßes Paprikapulver · ½ Dose stückige Tomaten (200 g)

- Die Bohnen über Nacht in reichlich Wasser einweichen. Am nächsten Tag das Einweichwasser weggießen und die Bohnen in der Geflügelbrühe 30–40 Minuten weich kochen.
- Währenddessen den Sellerie waschen, putzen und in Stücke schneiden. Die Zwiebel schälen und fein würfeln. Die Chorizo in dünne Scheiben schneiden.
- Das Öl in einem Topf erhitzen und die Chorizo 2–3 Minuten kross anbraten, dabei mehrmals wenden. Herausnehmen und auf Küchenpapier abtropfen lassen. Sellerie und Zwiebel hineingeben und kurz andünsten. Bohnen mit der Geflügelbrühe ebenfalls zugeben und mit Salz, Pfeffer und Paprika würzen.
- Zugedeckt etwa 20 Minuten köcheln lassen. 5 Minuten vor Ende der Garzeit die Tomaten zerdrücken und zugeben. Die Suppe noch einige Minuten weiterkochen, nochmals abschmecken und auf Teller verteilen. Die Chorizo daraufgeben.

▶ **Nährwerte pro Portion**

510 kcal, 42 g KH (= 3,5 BE/4,2 KE), 19 g BS, 951 mg Ω-3-FS, 62 µg Jod, 9 mg Eisen, 241 mg Kalzium, 241 µg Folsäure

▶ Deftige Bohnensuppe mit Sellerie, Tomaten und Chorizo

Scharfer Puten-Mais-Topf

Ein echter Sattmacher, kräftig im Geschmack

▶ **Für 2 Portionen**
gelingt leicht
25–30 Min.

½ rote Paprikaschote · ½ Chilischote (nach Belieben) · 1 Zwiebel · 30 g magerer Speck · 1 EL Butter · 1 EL Weizenvollkornmehl · 250 ml Geflügelbrühe · 250 ml Milch · 1 Dose Mais (ca. 425 g) · 75 g Sahne · 1 EL Öl · 125 g Putengeschnetzeltes · Jodsalz · frisch gemahlener schwarzer Pfeffer · rosenscharfes Paprikapulver · frisch geriebene Muskatnuss

- Paprikaschote und Chili waschen, halbieren und Samen und Scheidewände entfernen. Das Paprikafruchtfleisch in ½ cm große Würfel schneiden, die Chili fein würfeln. Die Zwiebel schälen und fein würfeln. Den Speck würfeln.
- Die Butter in einem Topf zerlassen und die Speckwürfel darin anbraten. Paprika, Chili und Zwiebel zugeben und mitdünsten. Mit dem Mehl bestäuben und kurz weiterdünsten. Geflügelbrühe und Milch zugeben, aufkochen und zugedeckt kochen lassen.
- Den Mais abgießen und gut abtropfen lassen. Den Mais nach 10 Minuten zusammen mit der Sahne zur Suppe geben und weitere 10 Minuten köcheln lassen.
- Währenddessen das Öl in einer Pfanne erhitzen. Das Putengeschnetzelte darin rundherum scharf anbraten. Mit Salz, Pfeffer und Paprikapulver würzen. In die Suppe geben und kurz aufkochen lassen. Mit Salz, Pfeffer und Muskat abschmecken und servieren.

▶ **Nährwerte pro Portion**
700 kcal, 46 g KH (= 3,8 BE/4,6 KE), 10 g BS, 836 mg Ω-3-FS, 30 µg Jod, 4 mg Eisen, 251 mg Kalzium, 68 µg Folsäure

Avocadocremesuppe mit Sesam

Kalzium, Folsäure und Omega-3-Fettsäuren

- Den Sesam in einer Pfanne ohne Fett goldbraun rösten, bis er zu duften beginnt, und dann beiseite stellen. Das Dinkelmehl in einem Topf kurz anrösten, bis es ebenfalls zu duften beginnt, dann abkühlen lassen.
- Die Gemüsebrühe in das Dinkelmehl einrühren, aufkochen und etwa 1 Minute köcheln lassen. Anschließend auf der ausgeschalteten Herdplatte noch 5 Minuten quellen lassen.
- Den Sellerie schälen und fein würfeln. Die Avocado schälen und den Stein entfernen. Einige Spalten vom Fruchtfleisch abschneiden und den Rest zusammen mit dem Zitronensaft pürieren.
- Sellerie und die pürierte Avocado zusammen mit dem Schmand und der abgeriebenen Zitronenschale in die Gemüsebrühe geben und erwärmen, aber nicht mehr kochen. Auf Teller verteilen, die Avocadoschnitze hineingeben und Kerbel und gerösteten Sesam darüberstreuen.

▶ **Nährwerte pro Portion**

360 kcal, 19 g KH (= 1,6 BE/1,9 KE), 8 g BS, 271 mg Ω-3-FS, 15 µg Jod, 3 mg Eisen, 177 mg Kalzium, 49 µg Folsäure

▶ **Für 2 Portionen**

preisgünstig

30 Min.

2 EL Sesam · 2 EL Dinkelvollkornmehl · 500 ml Gemüsebrühe · 100 g Knollensellerie · 1 Avocado · 1 ½ EL Zitronensaft · 2 EL Schmand oder Crème fraîche · abgeriebene Schale von ½ unbehandelten Zitrone · 1 EL gehackter frischer Kerbel

Feine Pastinakensuppe mit Nordseekrabben

Gehaltvolles Süppchen mit Jod, Omega-3-Fettsäuren, Kalzium und Folsäure

▶ **Für 2 Portionen**
gelingt leicht
30 – 35 Min.
2 Pastinaken (à ca. 150 g) · 1 Zwiebel · 350 ml Gemüsebrühe · einige Stängel Kerbel · 150 g Joghurt · Jodsalz · 75 g küchenfertige Nordseekrabben · frisch gemahlener schwarzer Pfeffer

- Die Pastinaken waschen, schälen und in Scheiben schneiden. Die Zwiebel schälen und fein würfeln.
- Die Gemüsebrühe in einem Topf aufkochen. Pastinaken und Zwiebel zugeben und zugedeckt bei schwacher Hitze 18–20 Minuten garen.
- Währenddessen den Kerbel waschen, trocken schütteln und die Blättchen abzupfen. Die Krabben in einem Sieb abspülen und abtropfen lassen.
- Die Hälfte des Kerbels in die Suppe geben. Die Suppe fein pürieren und vom Herd nehmen.
- 6 Esslöffel der pürierten Suppe unter 100 Gramm des Joghurts rühren, dann in die übrige pürierte Suppe geben und nochmals durchmixen. Mit Salz und Pfeffer abschmecken.
- Auf Teller verteilen, die Krabben darüberstreuen, den restlichen Joghurt unterziehen und mit dem restlichen Kerbel garnieren.

▶ **Nährwerte pro Portion**
155 kcal, 9 g KH (= 0,8 BE/0,9 KE), 6 g BS, 241 mg Ω-3-FS, 115 µg Jod, 2 mg Eisen, 235 mg Kalzium, 85 µg Folsäure

Suppeneinlagen für mehr Pepp

Die Einlage ist das A und O einer jeden Suppe, denn ein bisschen was zu beißen bringt besonders in eher langweilige, pürierte Suppen Pepp. Immer beliebt als Einlage sind Nudeln oder Reis, die es auch in der Vollkornversion gibt.

Nudelsuppen oder -eintöpfe sind oft schnell gemacht und schmecken immer. Nur Weißmehlnudeln sollten es natürlich nicht sein, sondern – wie immer – die Version aus dem vollen Korn. Gerade in Suppen oder Eintöpfen machen sich die nussig schmeckenden Nudeln sogar besonders gut. Selbst wenn Sie sich sonst nicht für die vollwertige Teigwarenvariante erwärmen können, geben Sie den deftigen Pastasorten ruhig hier noch mal eine Chance. Vielleicht erleben Sie eine positive Überraschung. Und wenn nicht, probieren Sie stattdessen Vollkornreisnudeln aus Reismehl aus, die fast wie »ganz normale« Nudeln schmecken, aber alle wertvollen Inhaltstoffe besitzen, die das volle Korn mitbringt.

Was für die Nudeln gilt, gilt natürlich auch für Reis. Probieren Sie auch hier einmal aus, ob Ihnen die kräftige Vollkornvariante in der Brühe mehr zusagt, als wenn sie Sie als trockene Beilage servieren.

Beim Mitkochen von Vollkornnudeln oder -reis muss man allerdings bedenken, dass sie längere Kochzeiten benötigen, die gerade bei Reis erheblich abweichen können. Belohnt wird man mit mehr Biss und Geschmack, und mit besseren Blutzuckerwerten sowieso.

Natürlich kann man auch traditionelle Einlagen wie Flädle, Backerbsen oder Grießklößchen in einer Vollkornvariante selbst machen, das ist nicht schwerer als die herkömmlichen Zubereitungen mit Weißmehl. Für Semmelknödel nimmt man als Basis ganz einfach Vollkornbrötchen.

Für Fleischklößchen als Suppeneinlage gibt es nichts Einfacheres als Bratwurstbrät. Dafür drückt man die Masse einer Bratwurst oder der bratwurstähnlichen, würzigen Salsiccia in Klößchengröße aus der Pelle und gibt sie direkt in die Suppe.

Vollkorn-Backerbsen

▶ **Für 2 Portionen**
geht schnell
10 Min.
2 EL Milch · 60 g Weizenvollkornmehl · 2 kleine Eier · einige EL Öl

- Milch, Vollkornmehl und Eier mit dem Schneebesen verquirlen.
- Einige Esslöffel Öl in einer Pfanne erhitzen.
- Den Teig auf eine umgedrehte Reibe oder ein sehr grobmaschiges Sieb geben und langsam in das heiße Öl tropfen lassen.

▶ **Nährwerte pro Portion**
360 kcal, 19 g KH (= 1,6 BE/1,9 KE), 3 g BS, 1260 mg Ω-3-FS, 8 µg Jod, 2 mg Eisen, 53 mg Kalzium, 51 µg Folsäure

Vollkorn-Sesam-Flädle

In Streifen geschnittene Eierkuchen – Flädle – als Suppeneinlage stammen aus Schwaben. Hier eine Variante mit Vollkornmehl.

▶ **Für 2 Portionen**
gelingt leicht
40 Min.
80 g Weizenvollkornmehl · 8 EL Milch · 2 Eier · 1 EL Gemüsebrühe · 1 EL gehackte Petersilie · Jodsalz · Muskat · ½ TL Butter · 4 EL Sesam

- Mehl, Milch und 125 ml Wasser verrühren und etwa 20 Minuten quellen lassen.
- Dann Eier, Gemüsebrühe und gehackte Petersilie unterrühren und mit Jodsalz und Muskat abschmecken.
- Die Butter in einer Pfanne zerlassen und ein Viertel des Teiges hineingeben, mit 1 Esslöffel Sesam bestreuen. Beidseitig goldgelb backen und mit dem restlichen Teig ebenso verfahren.
- Die Pfannkuchen aufeinanderlegen und in Streifen schneiden.

▶ **Nährwerte pro Portion**
530 kcal, 31 g KH (= 2,6 BE/3,1 KE), 9 g BS, 583 mg Ω-3-FS, 35 µg Jod, 7 mg Eisen, 398 mg Kalzium, 102 µg Folsäure

Ganz schön deftig: Fleischgerichte

Fleisch enthält wertvolle Nährstoffe, die Sie gerade in der Schwangerschaft brauchen – zum Beispiel Eisen und Eiweiß. Zwei- bis dreimal in der Woche ist ein Gericht mit qualitativ hochwertigem Fleisch eine gute Wahl für Sie.

Aber: Wer viel rotes Fleisch ist, erhöht sein Risiko, an Diabetes zu erkranken, wie neuere Studien zeigen. Auch das Risiko, einen Schwangerschaftsdiabetes zu entwickeln, ist erhöht. Das ist aber kein Grund, in Panik zu verfallen. Solange Sie nicht jeden Tag fette Wurst, Schnitzel und Braten verzehren, haben Sie nichts zu befürchten. Fleisch von Kalb, Rind, Schwein, Lamm, Wild etc. schmecken nicht nur gut, sondern sind auch gesund. Nur eben nicht täglich genossen.

Rohes Fleisch aber sollten Sie grundsätzlich meiden, denn hier können Keime enthalten sein, die eine Infektionsgefahr für Sie und Ihr Baby bedeuten. Dazu gehören rohes Hackfleisch und Tartar, aber auch Rohwürste wie Salami und roher Schinken, selbst geräucherter Schinken zählt dazu. Leber hat Nachteile für Ihr Kind, da ihr Vitamin-A-Gehalt so hoch ist, dass er dem Baby schaden könnte.

Wo Sie ohne Bedenken jederzeit zugreifen dürfen, das ist zum Beispiel helles Geflügelfleisch von Huhn und Pute, das in der Regel auch fettarm ist.

Beachten Sie auch, dass paniertes Fleisch über die Panade Kohlenhydrate mitbringt, bei manchen fertig panierten Zubereitungen kann der Anteil der Panade erschreckend hoch sein. Daher braten Sie Fleisch lieber ohne Panade. Wenn sie selbst panieren wollen – das ist ausnahmsweise, aber nicht zu häufig erlaubt –, geht auch das auf für Sie gesündere Art (Seite 67). Auch bei versteckten Füllungen sollten Sie genau hinsehen, denn die können ebenfalls regelrechte Kohlenhydratbomben sein, beispielsweise Brötchenfüllungen.

▶ Mit Mozzarella überbackenes Hähnchenschnitzel

Mit Mozzarella überbackenes Hähnchenschnitzel

Viel Kalzium, Folsäure und Omega-3-Fettsäuren

▶ **Für 2 Portionen**
geht schnell
20 Min. +
10 Min. im Backofen

100 g Vollkorn-Bandnudeln · Jodsalz · 1 große Zwiebel · 1 Knoblauchzehe · 4 TL Öl · 300 g TK-Blattspinat · frisch gemahlener schwarzer Pfeffer · 2 Tomaten · 1 Mozzarella (125 g) · 2 Hähnchenfilets (à 125 g) · einige Petersilienblättchen

- Die Nudeln in reichlich kochendem Salzwasser ca. 8 Minuten kochen.
- Währenddessen Zwiebel und Knoblauch schälen und fein hacken. Die Hälfte des Öls erhitzen und beides darin andünsten. Den gefrorenen Spinat zugeben und auftauen lassen. Mit Salz und Pfeffer würzen.
- Die Tomaten waschen und in Scheiben schneiden. Den Mozzarella abtropfen lassen und ebenfalls in Scheiben schneiden. Die Hähnchenfilets waschen und mit Küchenpapier trocken tupfen.
- Das restliche Öl erhitzen. Die Filets darin von jeder Seite 3–4 Minuten braten. Mit Salz und Pfeffer würzen.
- Den Backofen auf 225 Grad vorheizen. Die Nudeln abgießen, kalt abschrecken und abtropfen lassen. Nudeln, Spinat und Tomaten in einer kleinen Auflaufform verteilen und die Filets darauflegen. Mit Petersilie und Mozzarella belegen. Im vorgeheizten Backofen etwa 10 Minuten überbacken.

▶ **Nährwerte pro Portion**

725 kcal, 39 g KH (= 3,3 BE/3,9 KE), 8 g BS, 2740 mg Ω-3-FS, 83 µg Jod, 8 mg Eisen, 498 mg Kalzium, 148 µg Folsäure

Gute Panaden

Paniert schmeckt ein gebratenes Stück Fleisch oft besonders gut. Eine Hülle aus Panade schützt das Fleisch beim Braten vor dem Austrocknen und gleichzeitig vor zu großer Hitze. Leider sind herkömmliche Panaden aber nichts für einen ausgewogenen Blutzuckerspiegel.

Herkömmliche Panaden bestehen aus Ei und Semmelbröseln – und diese wiederum sind nichts anderes als geriebene trockene Weißmehlbrötchen oder -brot. Also nichts, was jetzt gut für Sie wäre. Dazu kommt, dass sich eine Panade beim Braten mit Fett vollsaugt, und diese Fettmengen sind für Sie jetzt auch nicht angesagt. Am besten also Schnitzel und anderes naturbelassen braten.

Wenn Sie ausnahmsweise panieren möchten, denn geht es aber auch besser verträglich für Ihren Blutzucker: Zum Beispiel mit einer Panade aus der sehr ballaststoffreichen Weizenkleie, die sie genauso wie Semmelbrösel verwenden und die schön würzig ist. Davon brauchen Sie auch viel weniger, weil die Weizenkleie ein größeres Volumen hat. Auch lecker: grob gemahlener Sesam, gemahlene Sonnenblumenkerne, Nüsse oder Mandeln. Wenn Sie selbst Semmelbrösel reiben, dann nehmen Sie Vollkornbrötchen und mischen Sie diese mit anderen Zutaten, zum Beispiel mit geriebenem würzigem Käse.Auch beim Braten gibt es einiges zu beachten: Ist die Brattemperatur hoch genug, kann man viel Fett sparen, denn die Panierhülle saugt sich dann nicht mit Fett voll. Es lohnt sich also, ein Frittierthermometer anzuschaffen. Zeigt es zwischen 160 und 170 Grad an, ist die ideale Temperatur erreicht.

Noch weniger Fett braucht man, wenn man Paniertes nicht in der Pfanne, sondern im Ofen gart. Dazu verknetet man die – natürlich diabetikergerechte – Panade zunächst mit ein wenig Butter. Dann zerkrümelt man diese Panade etwas, um sie in der trockenen Pfanne, also ganz ohne weiteres Fett, ein wenig knusprig zu braten. So vorbereitet paniert man wie gewohnt, dann backt man das Fleisch etwa 20 Minuten auf einem mit Backpapier belegten Blech im Ofen bei hoher Temperatur und wendet es nach der Hälfte der Zeit einmal.

Hähnchen-Avocado-Pizza

Fast Food – die gesunde Variante

▶ **Für 2 Portionen**
geht schnell
15 Min. + 6 Min. im Backofen

100 g Hähnchenbrustfilet · 1 EL Butter · 1 rote Paprikaschote · 1 Avocado · 100 ml Salsa (Sorte nach Belieben) · 2 Vollkorn-Pita-Brote (aus dem Bioladen) · 1 EL frischer gehackter Koriander · 2 EL geriebener Gouda · Jodsalz · frisch gemahlener schwarzer Pfeffer

- Das Hähnchenbrustfilet würfeln und in der Butter von allen Seiten goldbraun braten.
- Die Paprika waschen, Samen und Scheidewände entfernen und das Fruchtfleisch würfeln. Die Avocado halbieren, Stein und Schale entfernen und das Fruchtfleisch in Scheiben schneiden.
- Den Ofen auf 225 Grad vorheizen. Die Salsa gleichmäßig auf die beiden Pitabrote streichen.
- Hähnchenfleisch, Paprika, Avocado, Koriander und Gouda auf den Pitas verteilen. Salzen und pfeffern.
- Etwa 6 Minuten im vorgeheizten Ofen backen.

▶ **Nährwerte pro Portion**
525 kcal, 40 g KH (= 3,3 BE/4 KE), 10 g BS, 337 mg Ω-3-FS, 13 µg Jod, 3 mg Eisen, 182 mg Kalzium, 94 µg Folsäure

Estragon-Frikadellen mit Zucchinigemüse

Köstlich – mit ganz viel Omega-3-Fettsäuren

- Die Kartoffeln unter fließendem Wasser gründlich bürsten, aber nicht schälen. In Salzwasser etwa 20 Minuten garen, dann abgießen.
- Währenddessen die Zwiebel schälen und fein würfeln. Hackfleisch, Zwiebelwürfel und Quark miteinander verkneten. Den Schnittlauch waschen und in Röllchen schneiden.
- Das Hackfleisch mit Salz, Pfeffer, Estragon und der Hälfte des Schnittlauchs würzen. 2 flache Frikadellen formen und in 1 Esslöffel Öl in einer beschichteten Pfanne anbraten. Unter Wenden bei schwacher Hitze etwa 15 Minuten gut durchbraten.
- Zucchini und Tomaten waschen. Die Zucchini in dünne Scheiben, die Tomaten in kleine Spalten schneiden. Die Kartoffeln längs halbieren.
- Das restliche Öl in einer Pfanne erhitzen. Kartoffeln, Zucchini und Tomaten kurz anbraten. Das Tomatenmark einrühren und mit der Gemüsebrühe ablöschen. Mit Salz und Pfeffer würzen. Zugedeckt etwa 5 Minuten schmoren lassen. Alles zusammen servieren.

▶ **Nährwerte pro Portion**

445 kcal, 25 g KH (= 2,1 BE/2,5 KE), 6 g BS, 1050 mg Ω-3-FS, 89 µg Jod, 5 mg Eisen, 130 mg Kalzium, 147 µg Folsäure

▶ **Für 2 Portionen**

braucht etwas mehr Zeit

40 Min.

300 g Kartoffeln · Jodsalz · 1 kleine Zwiebel · 150 g gemischtes Hackfleisch · 1–2 EL Magerquark · ½ Bund Schnittlauch · frisch gemahlener schwarzer Pfeffer · etwas getrockneter Estragon · 2–3 EL Öl · 350 g geputzte Zucchini · 2 kleine Tomaten · 1 TL Tomatenmark · 250 ml Gemüsebrühe

Würziges Putencurry mit Möhrenreis

Kohlenhydratreiche Hauptmahlzeit mit Asia-Touch

▶ **Für 2 Portionen**
anspruchsvoll
45 Min. + 12 Min. im Backofen
200 g Putenbrust · 2 TL Erdnussöl (oder anderes Pflanzenöl) · 1 Zwiebel · ½ Bund Frühlingszwiebeln · frisch gemahlener schwarzer Pfeffer · Jodsalz · 2 TL Garam Masala · 2 TL Butterschmalz · etwas Butter · 60 ml Geflügelbrühe · 60 g Sahne · ½ Möhre · 125 g Vollkorn-Basmati-Reis

- Das Putenfleisch in 3–4 cm große Würfel schneiden und mit dem Öl beträufeln. Das Öl in das Fleisch einmassieren und kurz ziehen lassen.
- Währenddessen die Zwiebel schälen, halbieren und in halbe Ringe schneiden. Die Frühlingszwiebeln waschen und in feine Ringe schneiden. Das Fleisch kräftig mit Pfeffer, Salz und Garam Masala würzen und die Würzung mit den Fingern einmassieren.
- Das Butterschmalz in einer hohen Pfanne erhitzen und das Fleisch darin von allen Seiten goldbraun braten. Dann das Fleisch aus der Pfanne nehmen.
- Nun etwas Butter in die Pfanne geben, die Zwiebeln und das Weiße der Frühlingszwiebeln zugeben und unter Rühren anrösten. Das Grün der Frühlingszwiebeln aufbewahren. Die Zwiebeln mit der Geflügelbrühe ablöschen und diese fast vollständig einkochen lassen. Dann die Sahne zugeben und etwas einkochen lassen.
- Den Backofen auf 180 Grad vorheizen. Die Möhre schälen und fein würfeln. Zusammen mit etwas Salz und dem Reis in einen Topf geben und den Reis nach Packungsanweisung in Salzwasser garen.
- Das angebratene Putenfleisch im Ofen etwa 12 Minuten zugedeckt garen.
- Das Fleisch aus dem Ofen nehmen, zu den Sahnezwiebeln in die Pfanne geben und das Grün der Frühlingszwiebeln zugeben. Mit dem Möhrenreis servieren.

▶ **Nährwerte pro Portion**
465 kcal, 53 g KH (= 4,4 BE/5,3 KE), 3 g BS, 388 mg Ω-3-FS, 41 µg Jod, 4 mg Eisen, 70 mg Kalzium, 27 µg Folsäure

▶ Würziges Putencurry mit Möhrenreis

Chili con Carne

Gehaltvoll und feurig

▶ Für 2 Portionen
gut vorzubereiten
30 Min.

1 rote Chilischote · 1 Knoblauchzehe · 1 Zwiebel · 1 EL Öl · 250 g Rinder-Tatar · 1 Dose Tomaten (400 g) · Jodsalz · frisch gemahlener schwarzer Pfeffer · 1 TL Zucker · 1 TL gemahlener Kreuzkümmel · 60 ml Gemüsebrühe · ½ rote Paprikaschote · ½ grüne Paprikaschote · 200 g Kidneybohnen (Dose) · 200 g Mais (Dose) · etwas Koriandergrün

- Die Chili waschen, halbieren und Samen und Scheidewände entfernen. Den Knoblauch und die Zwiebel schälen und fein würfeln. Alles in einem Topf im Öl glasig dünsten.
- Das Tatar zugeben und krümelig durchbraten. Die Tomaten grob hacken und mit der Flüssigkeit zugeben. Mit Salz, Pfeffer, Zucker und Kreuzkümmel würzen. Die Brühe zugießen und 20 Minuten offen bei mittlerer Hitze einkochen lassen.
- Samen und Scheidewände aus den Paprikaschoten entfernen, das Fruchtfleisch in Streifen schneiden und nach 10 Minuten zugeben.
- Die Bohnen in einem Sieb kurz abbrausen und mit dem Mais zum Chili geben. Abschmecken und mit den abgezupften Korianderblättern bestreuen.

Das passt dazu: Naturjoghurt und Tortilla-Chips.

▶ Nährwerte pro Portion
415 kcal, 34 g KH (= 2,8 BE/3,4 KE), 14 g BS, 804 mg Ω-3-FS, 71 µg Jod, 7 mg Eisen, 120 mg Kalzium, 89 µg Folsäure

Gesundes Fett: Fischgerichte

Ein- bis zweimal in der Woche sollte Fisch auf dem Speiseplan stehen, so die Empfehlung, denn Fisch enthält viel leicht verdauliches Eiweiß, Omega-3-Fettsäuren, Vitamine und das lebenswichtige Spurenelement Jod.

Diese Empfehlung gilt besonders auch für Ihre spezielle Situation, denn die Inhaltsstoffe sind für Schwangere wichtig und schaden Ihrem Blutzuckerwert nicht. Fetthaltige Fischsorten wie Makrele, Hering, Aal und Lachs sollten Sie bevorzugen, denn darin stecken die meisten essenziellen Omega-3-Fettsäuren, die Ihr Körper und der Ihres Kindes brauchen. Thunfisch sollten Sie wegen der Belastung mit Quecksilber besser meiden.

Sie spielen eine große Rolle beim Aufbau der Körperzellen, halten die Gefäße elastisch und schützen damit das Herz. Von Omega-3-Fettsäuren weiß man aber auch, dass sie auf den Blutzuckerspiegel eine positive Wirkung ausüben können, denn sie sind an der Bildung eines Hormons beteiligt, das die Entstehung von Diabetes und bestimmten Herzkrankheiten reduzieren kann.

Nicht nur fetter, auch magerer Seefisch ist für Sie gerade jetzt von Vorteil, denn er enthält viel Jod. Gute Sorten sind zum Beispiel Seelachs, Scholle, Schellfisch oder Kabeljau. Der Jodbedarf ist in der Schwangerschaft erhöht, wenn der Stoffwechsel auf Hochtouren läuft und dafür vermehrt Schilddrüsenhormone verbraucht, deren wichtigster Bestandteil Jod ist. Es wird nicht nur empfohlen, stets Jodsalz zu verwenden, sondern auch zweimal wöchentlich Seefisch zu essen. Süßwasserfische enthalten übrigens nicht diese hohen Jodmengen. Fische nehmen das Jod über das Salz des Salzwassers auf, diesen Jodgehalt gibt es im Süßwasser nicht. Essen Sie also ruhig hin und wieder Fischkonserven mit diesen Fischarten zum Abendbrot oder als Zwischenmahlzeit, besser aber nicht mit Remouladen- und anderen fetten Saucen. Lassen Sie in Öl eingelegten Fisch gründlich abtropfen.

Wenn Sie Fisch braten wollen, dann lieber ohne Panade, die schließlich aus Weißmehl-Semmelbröseln besteht und außerdem beim Braten Unmengen an Fett aufsaugt (Seite 67). Braten Sie Fisch lieber naturbelassen in Öl oder Butter. Will man Fisch in Flüssigkeit garen, geht das nicht in sprudelnd kochendem Wasser, denn das empfindliche Fischfleisch würde zerfallen. Deshalb pochiert man es im heißen Sud (Seite 77). Diese Methode ist nicht nur vitaminschonend, sondern braucht auch kein zusätzliches Fett. Ideal für Sie.

Feiner Lachs mit Zucchini-Krabben-Kruste

Leichte Mahlzeit mit dem Besten aus Fisch

▶ **Für 2 Portionen**
gelingt leicht
15 Min. +
40 Min. im Backofen
250 g Zucchini ·
1–2 Knoblauchzehen ·
Olivenöl für die Form ·
2 Lachsfilets (à 75 g) ·
1 EL Zitronensaft ·
75 g Kapern · Jodsalz ·
frisch gemahlener
schwarzer Pfeffer ·
50 g Nordseekrabben ·
½ Bund frischer Dill

- Den Backofen auf 200 Grad vorheizen. Die Zucchini waschen und in grobe Stifte schneiden. Die Knoblauchzehen schälen und in dünne Scheiben schneiden.
- Eine ofenfeste Form mit Olivenöl einfetten, den Lachs hineinlegen und mit dem Zitronensaft beträufeln. Zucchini, Kapern und Knoblauchscheiben auf dem Fisch verteilen. Mit Salz und Pfeffer würzen.
- Den Lachs im vorgeheizten Ofen etwa 40 Minuten dünsten, nach 20 Minuten mit Alufolie abdecken.
- Kurz vor Ende der Garzeit die Krabben auf den Zucchini verteilen. Den Dill waschen, hacken und vor dem Servieren über das Gericht streuen.

Das passt dazu: Vollkornreis.

▶ **Nährwerte pro Portion**
365 kcal, 5 g KH (= 0,4 BE/0,5 KE), 5 g BS, 1280 mg Ω-3-FS, 63 µg Jod, 5 mg Eisen, 0,5 mg Kalzium, 77 µg Folsäure

Lachs in Kokos-Koriander-Sauce

In puncto ungesättigte Fettsäuren kaum zu toppen!

▶ Für 2 Portionen
exotische Zutaten
30 Min.

250 ml Fischfond · 2 Lachssteaks (à 125 g) · Olivenöl · Jodsalz · frisch gemahlener schwarzer Pfeffer · ½ EL Butter · 1 Knoblauchzehe · ½ EL Mehl · 100 ml cremige Kokosmilch · 1 EL gehacktes frisches Koriandergrün · etwas Zitronensaft

- Den Fischfond zum Kochen bringen und so lange einkochen lassen, bis sich die Menge um die Hälfte reduziert hat. Dann vom Herd nehmen und etwas abkühlen lassen.
- Währenddessen die Lachssteaks waschen und trocken tupfen. In einer Pfanne in etwas Olivenöl von jeder Seite 5 Minuten braten. Mit Salz und Pfeffer würzen, aus der Pfanne nehmen und warm stellen.
- Die Butter in der Pfanne zerlassen, den Knoblauch hineinpressen, kurz anschwitzen und dann das Mehl einrühren. Den reduzierten Fischfond unter stetigem Rühren mit dem Schneebesen nach und nach zugeben.
- Anschließend die Kokosmilch einrühren. Aufkochen, dann den Topf vom Herd nehmen. Den frischen Koriander unterrühren. Je nach Geschmack etwas Zitronensaft zufügen. Die Sauce zum Lachs servieren.

Das passt dazu: Vollkorn-Basmatireis oder Wildreis.

▶ Nährwerte pro Portion
309 kcal, 8 g KH (= 0,3 BE/0,8 KE), 446 mg BS, 1730 mg Ω-3-FS, 64 µg Jod, 2 mg Eisen, 46 mg Kalzium, 43 µg Folsäure

Fisch auf die sanfte Art: Pochieren

Eine besonders schonende und dabei fettsparende Art der Zubereitung ist das Pochieren, das sanfte Garen in Flüssigkeit. Für zartes Fischfleisch, das schnell zerfällt, ist es die ideale Garmethode. Das Aroma der Pochierflüssigkeit geht in das Fischfleisch über und macht es wunderbar würzig, während die Vitamine besonders gut erhalten bleiben.

Es geht ganz einfach und schnell: Der Pochiersud besteht aus Wasser oder einer anderen Flüssigkeit, dazu kommen aromagebende Zusätze wie Kräuter und Gewürze. Der Sud eignet sich später auch gut als Basis für eine passende Sauce zum Fisch.

Man bringt den Sud zum Simmern, aber nicht zum Kochen. Er darf also noch nicht sprudeln, muss aber langsam in Bewegung kommen. Dann legt man den Fisch vorsichtig für wenige Minuten hinein, je nach Größe auch länger. Platte Schollenfilets brauchen 2–4 Minuten, Lachsfilets 3–5 Minuten, 2 cm dicke Kabeljaukoteletts etwa 10 Minuten und große Exemplare bis 1,5 kg 15–20 Minuten.

Court-Bouillon

Court-Bouillon ist ein klassischer Sud, der bestens dafür geeignet ist, Fisch darin zu pochieren. So können Sie ihn ganz einfach herstellen: **1 Möhre** schälen und würfeln, **½ Zwiebel** schälen und in Spalten schneiden, **1 Stange Staudensellerie** waschen und hacken. Alles zusammen mit **2 Teelöffeln grüner Pfefferkörner, 2 Teelöffeln Jodsalz,** dem Saft von **½ unbehandelten Zitrone, 125 ml Weißwein** und **1 Bouquet garni** (Kräutersträußchen aus 3 Petersilienstängeln, 1 Zweig Thymian, 1 Lorbeerblatt) zum Kochen bringen. 15 Minuten kochen, dann die Hitze reduzieren und den Sud sieden lassen.

Anis-Ingwer-Sud

Dieser Sud gibt dem Fisch eine fernöstliche Note: **5 g frischen Ingwer** schälen und grob hacken. **500 ml Fischfond** mit 500 ml Wasser in einen Topf geben und **1 Sternanis, ½ Zimtstange, 5 Körner Szechuanpfeffer** und den gehackten Ingwer zugeben. Alle Zutaten zum Kochen bringen, Hitze reduzieren und den Sud sieden lassen.

Kräuterheringe aus dem Ofen

Wenige Kohlenhydrate, dafür umso mehr Omega-3-Fettsäuren

Für 2 Portionen
geht schnell
20 Min. + 16 Min. im Backofen

½ Zitrone · 2 küchenfertige grüne Heringe · Jodsalz · 1 EL Senf · ½ Bund Petersilie · ½ Bund Schnittlauch · ½ Bund Dill · 2 EL geriebener Parmesan · 1 EL Butter

- Die Zitrone auspressen, die Heringe mit dem Saft beträufeln und mit Salz einreiben.
- Den Backofenrost mit Alufolie belegen und den Backofen auf 240 Grad vorheizen.
- Die Heringe von innen und außen mit dem Senf bestreichen. Die Kräuter waschen, trocken schütteln und hacken. In die Heringe füllen und die Heringe auf den Rost legen. Mit der Hälfte des Käses bestreuen und die Hälfte der Butter in Flöckchen daraufsetzen.
- Die Fische im Backofen etwa 8 Minuten garen, dann vorsichtig wenden. Mit dem restlichen Käse bestreuen und mit der übrigen Butter in Flöckchen belegen und weitere 8 Minuten backen.

Nährwerte pro Portion
345 kcal, 3 g KH (= 0,3 BE/0,3 KE), 1 g BS, 2200 mg Ω-3-FS, 133 µg Jod, 2 mg Eisen, 285 mg Kalzium, 18 µg Folsäure

Tipp

Garen Sie im Ofen gleich ein paar Ofenkartoffeln mit. Ein Tomatensalat macht das Gericht perfekt.

Makrele mit Fenchel und Topinamburpüree

Gute Fettsäuren, viel Jod und Inulin

▶ **Für 2 Portionen**
braucht etwas mehr Zeit
50 Min.

400 g Topinambur · **200 g** mehlig kochende Kartoffeln · **300 ml** Milch · Jodsalz · **4** Makrelenfilets (je ca. 85 g) ohne Haut · frisch gemahlener schwarzer Pfeffer · ½ unbehandelte Zitrone · **350 g** Fenchel · **3 EL** Olivenöl und etwas zum Einfetten · **2 TL** Butter · frisch geriebene Muskatnuss

- Topinambur und Kartoffeln schälen, in kleine Stücke schneiden. Mit Milch und 1 Prise Salz aufkochen und zugedeckt bei kleiner bis mittlerer Hitze in etwa 20 Minuten weich kochen. Die Milch aufbewahren.
- Währenddessen die Makrelenfilets trocken tupfen und mit Salz und Pfeffer würzen. Die Hälfte der Zitronenschale abreiben und den Saft auspressen. ½ Esslöffel Saft über die Fischfilets träufeln.
- Den Fenchel waschen, putzen und in hauchdünne Scheiben schneiden. Mit etwas Salzwasser bei mittlerer Hitze etwa 5 Minuten dünsten, bis er bissfest ist.
- In einer Pfanne 1 Esslöffel Olivenöl erhitzen. Die Fischfilets darin bei starker bis mittlerer Hitze etwa 3 Minuten pro Seite braten und dann warm halten.
- Den Fischbratfond mit 1–2 Esslöffeln Zitronensaft und 3 Esslöffeln von dem Fenchelkochsud ablöschen. Etwas einkochen lassen. Das restliche Öl unterschlagen und die Sauce mit Zitronenschale und -saft, Salz und Pfeffer abschmecken.
- Für das Püree Topinambur und Kartoffeln durch die Kartoffelpresse drücken oder fein stampfen. Die Butter und so viel von der aufbewahrten Milch unterrühren, dass ein cremiges Püree entsteht. Mit Salz, Pfeffer und Muskat abschmecken.
- Den Fenchel und das Püree auf Teller verteilen. Die Fischfilets darauflegen und mit der Zitronensauce beträufeln.

▶ **Nährwerte pro Portion**
795 kcal, 34 g KH (= 2,8 BE/3,4 KE), 34 g BS, 4510 mg Ω-3-FS, 156 µg Jod, 14 mg Eisen, 417 mg Kalzium, 267 µg Folsäure

Tagliatelle mit Lachs und Zucchini

Jod und Folsäure, aber auch relativ viele BE

▶ **Für 2 Portionen**
geht schnell
25 Min.
Olivenöl zum Braten · 100 g Lachsfilet · 1 unbehandelte Zitrone · 1 Zucchini · 6 Cherrytomaten · 1 Zwiebel · 1 Knoblauchzehe · Jodsalz · frisch gemahlener Pfeffer · 150 g Vollkorn-Tagliatelle · ½ Bund Petersilie

- Den Lachs in mundgerechte Stücke schneiden und in etwas Öl in einer Pfanne von allen Seiten gut durchbraten, bis er Farbe annimmt. Die Schale der Zitrone abreiben und die Zitrone auspressen.
- Die Zucchini waschen und in feine Scheiben schneiden, die Tomaten waschen und vierteln.
- Zwiebel und Knoblauch schälen, fein hacken und in wenig Olivenöl anbraten. Mit dem Zitronensaft ablöschen.
- Die Zucchini dazugeben, nach 3–4 Minuten auch die Tomaten und zum Schluss die Lachsstücke. Mit der Zitronenschale, Salz und Pfeffer abschmecken.
- Währenddessen die Pasta nach Packungsanweisung al dente kochen. Die Petersilie waschen und hacken. Die Nudeln aus dem Kochwasser direkt in die Sauce geben, mischen und mit der Petersilie servieren.

▶ **Nährwerte pro Portion**
414 kcal, 54 g KH (= 4,4 BE/5,4 KE), 8,9 g BS, 874 mg Ω-3-FS, 43 µg Jod, 4 mg Eisen, 85 mg Kalzium, 113 µg Folsäure

Tipp

Bei diesem Rezept liegt die Menge der Kohlenhydrateinheiten pro Portion etwas über den empfohlenen 5 KE. Deshalb genießen Sie es nur hin und wieder und nur dann, wenn der Diabetes bei Ihnen nicht so stark ausgeprägt ist.

▶ Tagliatelle mit Lachs und Zucchini

Zarter Zander auf Orangenhirse

Ein fruchtig-leichter Genuss

▶ **Für 2 Portionen**

braucht etwas mehr Zeit

45 Min.

1 unbehandelte Orange · 2 Frühlingszwiebeln · 1 Zanderfilet (400–500 g) · 2 EL Olivenöl · Jodsalz · frisch gemahlener schwarzer Pfeffer · Thymian · 350 ml Gemüsebrühe · einige Safranfäden · 1 Lorbeerblatt · 60 g Hirse · 1 Stück frischer Ingwer

- Die Orange halbieren, den Saft einer Hälfte auspressen – es sollten etwa 60 ml sein. Die Schale abreiben. Von der anderen Orangenhälfte die Schale abschneiden, dabei auch die dünne weiße Haut mit entfernen. Das Fruchtfleisch quer in dünne Scheiben schneiden. Die Frühlingszwiebeln waschen und in etwa 10 cm lange Stücke schneiden.
- Den Backofen auf 200 Grad vorheizen und den Backrost auf der zweiten Schiene von unten einschieben. Eine kleine Auflaufform mit 1 Esslöffel Olivenöl fetten. Die Frühlingszwiebelstücke und die Orangenscheiben in der Auflaufform verteilen.
- Das Zanderfilet auf beiden Seiten mit Salz, Pfeffer und Thymian würzen und in die Auflaufform legen. Die Hälfte der Gemüsebrühe daraufgießen und das Zanderfilet mit dem restlichen Olivenöl beträufeln.
- Die Auflaufform mit Alufolie abdecken und den Fisch im vorgeheizten Ofen etwa 20 Minuten garen.
- Währenddessen die restliche Gemüsebrühe mit dem Orangensaft, den Safranfäden und dem Lorbeerblatt in einem großen Topf zum Kochen bringen. Die Hirse hineingeben und bei schwacher Hitze etwa 15 Minuten leicht köcheln lassen.
- Dann den Ingwer fein reiben und zusammen mit der abgeriebenen Orangenschale unter die Hirse rühren. Mit Salz und Pfeffer abschmecken.
- Die fertige Hirse mit dem Fisch servieren. Die Orangenscheiben darauf verteilen.

▶ **Nährwerte pro Portion**

395 kcal, 31 g KH (= 2,6 BE/3,1 KE), 4 g BS, 345 mg Ω-3-FS, 65 µg Jod, 5 mg Eisen, 135 mg Kalzium, 39 µg Folsäure

Gemüse satt: vegetarische Gerichte

Viel frisches Gemüse, Getreide aus dem ganzen Korn, die ganze abwechslungsreiche Palette der Milchprodukte, manche Hülsenfrüchte, dazu noch Tofu und andere Produkte aus Soja: Wie gesund, aber auch wie abwechslungsreich vegetarische Gerichte für Sie jetzt sein können, lässt sich schon aus dieser Aufzählung erahnen.

Gemüse ist reich an Vitaminen und Mineralstoffen, die Sie in der Schwangerschaft brauchen und wie Vollkorngetreide enthält es wichtige Ballaststoffe. Auch Vollkorngetreide hat natürlich eine Menge Vitamine zu bieten. Hülsenfrüchte zeichnen sich durch ihren hohen Gehalt an Eiweiß aus, was das wachsende Kind jetzt braucht. Trotz ihres relativ hohen Kohlenhydratgehalts sind sie geeignet, da die Aufnahme der Kohlenhydrate durch den gleichzeitig hohen Ballaststoffanteil stark gebremst wird. Ihr Arzt wird Ihnen sagen können, wie streng Sie mit solchen kohlenhydrathaltigen Lebensmitteln umgehen sollten.

Sojabohnen sind die Spitzenreiter unter den Hülsenfrüchten – sie haben einen besonders hohen Gehalt an sehr wertvollem Eiweiß. Allerdings gibt es unterschiedliche Meinungen dazu, wie Sojaprodukte während der Schwangerschaft auf das ungeborene Kind wirken können, denn die Pflanze enthält natürliche Östrogene, die eine hormonelle Wirkung ausüben. Zur Auswirkung auf das Kind gibt es noch keine Studien, die Erfahrung aus asiatischen Ländern, in denen Frauen auch während der Schwangerschaft schon immer viele Sojaprodukte verzehren, zeigt aber keine negativen Effekte auf die Schwangerschaft oder die Entwicklung des Kindes. Wenn Sie unsicher sind, essen Sie nicht zu häufig Sojaprodukte. Jede Menge Eiweiß kommt auch aus der Milch, die ebenfalls wichtige Vitamine mitbringt, dabei noch Kalzium und andere Mineralstoffe.

Wagen Sie sich ruhig auch mal an den eiweißreichen Tofu heran, der durch die richtige Zubereitung erst seinen Charme entfaltet. Wie sie den herauskitzeln, erfahren Sie auf einer Sonderseite zum Thema Tofu (Seite 87). Wer fleischhaltige Gerichte nachahmen möchte, für den gibt es im Bioladen, im Reformhaus oder in gut sortierten Supermärkten schon eine Menge Produkte, die sich geschmacklich kaum vom »Original« unterscheiden: vom vegetarischen Schnitzel aus dem Getreideprodukt Seitan über verschiedene Sorten Grillwürstchen, Burger und Aufschnitt bis hin zu pflanzlichem Schmalz – Sie dürfen sich durchprobieren!

Mangold-Möhren-Rösti mit Tomatendip

Gute Fettsäuren und viel Folsäure

▶ Für 2 Portionen
geht schnell
30 Min.
4 Kirschtomaten · 1 Stängel Petersilie · einige Stängel Schnittlauch · 75 g Kräuterfrischkäse · 75 g Joghurt · 3 große Stängel Blattmangold · 2 Möhren · 1 EL Mehl · 1 Ei · Jodsalz · frisch gemahlener schwarzer Pfeffer · 3–4 EL Öl

- Die Tomaten waschen, putzen und vierteln. Petersilie und Schnittlauch waschen, trocken tupfen und fein hacken bzw. in Röllchen schneiden.
- Den Frischkäse mit dem Joghurt glatt rühren, Kräuter und Tomaten unterheben.
- Den Mangold putzen, waschen und in Streifen schneiden. Die Möhren schälen, waschen und grob raspeln.
- Das Mehl mit dem Ei verrühren, mit Salz und Pfeffer würzen. Mangold und Möhren unterheben.
- Das Öl portionsweise in einer Pfanne erhitzen. Darin 8 Rösti portionsweise bei mittlerer Hitze von jeder Seite 2–3 Minuten braten. Den Frischkäsedip dazu servieren.

▶ Nährwerte pro Portion
410 kcal, 15 g KH (= 1,3 BE/1,5 KE), 5 g BS, 2220 mg Ω-3-FS, 20 µg Jod, 4 mg Eisen, 185 mg Kalzium, 72 µg Folsäure

Gemischte Gemüsequiche

Kleine Mahlzeit mit viel Kalzium

▶ **Für 4 Portionen**
braucht etwas mehr Zeit
25 Min. +
35 Min. Ruhezeit +
45–50 Min. im Backofen

200 g Dinkelvollkornmehl und etwas für die Arbeitsfläche · 100 g kalte Butter · 1 Eigelb · Jodsalz · 250 g Brokkoli · 2 Möhren · 1 kleine Stange Lauch · 100 g Champignons · 2 EL Olivenöl · 100 g TK-Erbsen · frisch gemahlener Pfeffer · 80 g Gouda · 250 g Sahne · 3 Eier · frisch geriebene Muskatnuss

- Das Mehl in eine Schüssel geben. Die kalte Butter würfeln und dazugeben. Mehl und Butter mit dem Eigelb, 1 Prise Salz und 3–5 Esslöffeln kaltem Wasser rasch verkneten. Den Teig in Frischhaltefolie wickeln und 1 Stunde in den Kühlschrank stellen.
- Währenddessen den Brokkoli waschen, abtropfen lassen und in Röschen teilen. Die Möhren schälen und in feine Scheiben schneiden. Brokkoli und Möhren in kochendem Salzwasser ca. 4 Minuten bissfest garen, abgießen, abschrecken und abtropfen lassen.
- Den Lauch putzen, waschen und in feine Ringe schneiden. Die Champignons putzen, vierteln und in 1 Esslöffel Olivenöl in einer Pfanne ca. 4 Minuten braten. Zu Brokkoli und Möhren geben.
- Den Lauch im restlichen Olivenöl ca. 3 Minuten anbraten. Lauch und Erbsen mit dem übrigen Gemüse mischen und mit Salz und Pfeffer abschmecken.
- Den Backofen auf 200 Grad vorheizen. Den Teig auf einer leicht bemehlten Arbeitsfläche ausrollen, in eine Springform legen und dabei einen ca. 4 cm hohen Rand formen. Das Gemüse auf dem Teig verteilen.
- Für den Guss den Käse reiben und mit Sahne und Eiern verquirlen. Mit Salz, Pfeffer und Muskat abschmecken und über das Gemüse gießen.
- Die Quiche im vorgeheizten Ofen in 45–50 Minuten goldgelb backen.

▶ **Nährwerte pro Portion**
400 kcal, 21 g KH (= 1,7 BE/2,1 KE), 5 g BS, 501 mg Ω-3-FS, 18 µg Jod, 3 mg Eisen, 165 mg Kalzium, 2 µg Folsäure

Tipp
Diese Quiche schmeckt auch kalt sehr gut und eignet sich dann auch prima als Zwischenmahlzeit.

So wird Tofu lecker

Die Sojabohne, Basis für den auch »Sojakäse« oder »Sojaquark« genannten Tofu, hat unter den pflanzlichen Lebensmitteln einen unerreichten Eiweißgehalt – und Eiweiß brauchen Sie jetzt besonders.

Pur hat Tofu eher wenig Geschmack und sein Ruf, allenfalls nach feuchter Pappe zu schmecken, ist manchmal sogar nachvollziehbar. Der zurückhaltende Eigengeschmack des Sojaprodukts ist aber auch sein großer Pluspunkt, denn so kann es alle nur erdenklichen Aromen annehmen. Tofu wird, in würziger Marinade einlegt und dann gebraten, zu einer leckeren Angelegenheit in fast jeder gewünschten Geschmacksvariante.

Als Basis für die Marinade nimmt man Sojasauce, etwas Öl und Gewürze nach Belieben. Der Tofu wird klein in Würfel, Scheiben oder Streifen geschnitten, damit er eine möglichst große Oberfläche hat und die Marinade gut eindringen kann. Mindestens eine halbe Stunde marinieren, herausnehmen, abtropfen lassen und nach Belieben verwenden, zum Beispiel knusprig braten. Die Marinade ist eine hervorragende Basis für eine Sauce. In Ragouts und andere saucige Zubereitungen gibt man sie einfach so dazu.

Wenn es ganz schnell gehen muss und keine Zeit zum Einlegen des Tofus ist, dann würzt man beim Braten kräftig mit Gewürzen und zusätzlich mit ein paar Spritzern Sojasauce.

Currymarinade

200 ml Sojasauce, ½ Teelöffel Currypulver und **einige Tropfen Öl** mit 100 ml Wasser verrühren. Den Tofu mindestens 30 Minuten marinieren.

Senf-Koriander-Marinade

200 ml Sojasauce, 1 Teelöffel Koriander, 1 Teelöffel scharfen Senf und **einige Tropfen Öl** mit 100 ml Wasser verrühren. Den Tofu mindestens 30 Minuten marinieren.

Ingwermarinade

200 ml Sojasauce, ½ Teelöffel frisch geriebenen Ingwer und **einige Tropfen Öl** mit 100 ml Wasser verrühren. Den Tofu mindestens 30 Minuten marinieren.

Zitrusmarinade

200 ml Sojasauce, 1–2 Esslöffel Zitronen-, Orangen- oder Limettensaft und **einige Tropfen Öl** mit 100 ml Wasser verrühren. Den Tofu mindestens 30 Minuten marinieren.

Kokosmarinade

200 ml Sojasauce, 4–6 Esslöffel Kokosmilch, ½ Teelöffel Zimt und **einige Tropfen Öl** mit 100 ml Wasser verrühren. Den Tofu mindestens 30 Minuten marinieren.

Auberginen-Tofu-Gulasch

Enthält viel Folsäure

▶ **Für 2 Portionen**
braucht etwas mehr Zeit
45 Min.

2 Zweige Thymian · 1 Zweig Rosmarin · 1 EL Sojasauce · 3 TL Olivenöl · 125 g Tofu · 2 Tomaten · ½ Zwiebel · 1 Knoblauchzehe · 1 rote Paprikaschote · ¼ Aubergine · 1 EL Mehl · 2 TL Tomatenmark · frisch gemahlener Pfeffer · rosenscharfes Paprikapulver

- Die Blättchen von Thymian und Rosmarin von den Stielen zupfen und mit Sojasauce, ½ Teelöffel Öl und 100 ml Wasser verrühren. Tofu in 2 cm große Würfel schneiden und mindestens 30 Minuten darin marinieren.
- Währenddessen die Tomaten kreuzweise einschneiden, mit kochendem Wasser überbrühen, kurz stehen lassen, dann die Haut abziehen. Das Fruchtfleisch würfeln.
- Zwiebel und Knoblauch schälen und fein würfeln. Die Paprikaschote halbieren, Samen und Scheidewände entfernen und das Fruchtfleisch würfeln. Die Aubergine ebenfalls würfeln.
- Die marinierten Tofuwürfel aus der Marinade nehmen und die Marinade aufbewahren. Mit Küchenpapier trocken tupfen, in Mehl wenden und im restlichen Öl unter Rühren leicht bräunen. Zwiebel und Knoblauch zugeben und kurz anschwitzen.
- Dann Auberginen- und Paprikawürfel mit dem Tomatenmark und der Tofumarinade etwa 5 Minuten mitdünsten. Tomaten zugeben, 3 Minuten garen, mit Pfeffer, wenig Salz und Paprikapulver würzen.

Das passt dazu: Vollkorn-Bandnudeln oder Vollkorn-Spätzle.

▶ **Nährwerte pro Portion**

350 kcal, 18 g KH (= 1,5 BE/1,8 KE), 7 g BS, 634 mg Ω-3-FS, 5 µg Jod, 4 mg Eisen, 142 mg Kalzium, 132 µg Folsäure

Mit Berglinsen gefüllter Sellerie

Ballaststoffe und Kalzium

- Die Sellerieknollen schälen, evtl. vorhandenes Grün beiseitelegen und die Knollen in Salzwasser 30 Minuten kochen. Die Linsen in 250 ml Wasser aufkochen und nach Packungsanweisung bei mittlerer Hitze garen.
- Die halbe Fenchelknolle putzen, evtl. vorhandenes Grün beiseitelegen und den Fenchel nach 15 Minuten Kochzeit zum Sellerie geben.
- Den Backofen auf 200 Grad vorheizen.
- Den Sellerie nach Ende der Garzeit herausnehmen, abkühlen lassen und mit einem Löffel aushöhlen. Das Innere für eine andere Verwendung aufbewahren.
- Den Fenchel klein schneiden, die Mandeln grob hacken und mit je 1 Esslöffel fein gehacktem Sellerie- und Fenchelgrün, saurer Sahne, Linsen, Fenchelsamen und Pfeffer mischen. Die Sellerieknollen damit füllen.
- Die Knollen in eine gefettete Auflaufform setzen, den Käse reiben und über den Sellerie streuen, die Gemüsebrühe angießen und im vorgeheizten Ofen etwa 30 Minuten backen.

Das passt dazu: Ein Gurkenjoghurt als Dip.

▶ Nährwerte pro Portion
390 kcal, 20 g KH (= 1,7 BE/2 KE), 14 g BS, 343 mg Ω-3-FS, 76 µg Jod, 5 mg Eisen, 559 mg Kalzium, 159 µg Folsäure

▶ Für 2 Portionen
gelingt leicht
30 Min. + 30 Min. im Backofen

2 kleine Sellerieknollen · Jodsalz · 50 g Berglinsen · ½ Fenchelknolle · 30 g Mandeln · 75 g saure Sahne · ½ TL Fenchelsamen · frisch gemahlener schwarzer Pfeffer · Fett für die Form · 50 g Gruyère · 250 ml Gemüsebrühe

Kräftiges Buchweizen-Champignon-»Risotto«

Kohlenhydratreich und mit viel Folsäure

▶ Für 2 Portionen
braucht etwas mehr Zeit
35 Min.

100 g Buchweizen · 1 kleine Zwiebel · 3 EL Olivenöl · 200 ml kräftige Gemüsebrühe · 2 rote Zwiebeln · 250 g kleine Champignons · frisch gemahlener schwarzer Pfeffer · Jodsalz · ½ TL Thymian · 1 EL Apfeldicksaft · 2 EL Aceto Balsamico · 1 Frühlingszwiebel · 30 g Parmesan

- Den Buchweizen in einem Sieb gründlich mit heißem Wasser waschen und abtropfen lassen. Die Zwiebel schälen, würfeln und in einem Topf in 1 Esslöffel Olivenöl glasig dünsten.
- Dann den Buchweizen zugeben und etwa 1 Minute mit andünsten. Die heiße Gemüsebrühe zugeben, aufkochen und mit geschlossenem Deckel auf kleiner Stufe 15–20 Minuten köcheln lassen.
- Währenddessen die roten Zwiebeln schälen und in dünne Spalten schneiden. Die Champignons putzen und je nach Größe halbieren oder vierteln. Zwiebelspalten und Champignons gleichzeitig in einer großen Pfanne in dem restlichen Olivenöl anbraten. Mit Pfeffer, Salz und Thymian würzen.
- Apfeldicksaft zugeben und kurz karamellisieren lassen. Mit Aceto Balsamico ablöschen, etwas einkochen lassen und abschmecken. Auf der Herdplatte warm halten.
- Die Frühlingszwiebel putzen und schräg in dünne Ringe schneiden. Den Buchweizen auf den Tellern verteilen. Das Champignon-Zwiebel-Gemüse daraufgeben und mit Frühlingszwiebelringen und etwas darübergehobeltem Parmesan servieren.

▶ Nährwerte pro Portion
475 kcal, 46 g KH (= 3,9 BE/4,6 KE), 5 g BS, 372 mg Ω-3-FS, 380 µg Jod, 4 mg Eisen, 251 mg Kalzium, 60 µg Folsäure

▶ Kräftiges Buchweizen-Champignon-»Risotto«

Deftiges Rote-Bete-Nudel-Gratin

Mit eisenreicher Hirse

▶ **Für 2 Portionen**
preisgünstig
20 Min. +
40 Min. im Backofen
100 g Vollkorn-Spirelli · Jodsalz · ½ kleine Zwiebel · 2 TL Butter · 250 g rote Bete · 50 g Sahne · frisch gemahlener schwarzer Pfeffer · ½ TL ganzer Kümmel · ½ TL ganzer Koriander · 1 TL getrockneter Majoran · 65 g Emmentaler

- Die Nudeln nach Packungsanweisung in Salzwasser kochen. Die Zwiebel schälen und fein würfeln. In der Butter glasig dünsten.
- Den Backofen auf 200 Grad vorheizen. Die rote Bete schälen und grob raspeln. Zusammen mit der Sahne zu den Zwiebeln geben und 5 Minuten leise köcheln lassen. Mit den Gewürzen abschmecken.
- Die Rote-Bete-Sahne mit den Nudeln mischen und in eine gefettete Auflaufform geben. Den Emmentaler reiben und darüber verteilen. Im vorgeheizten Backofen etwa 40 Minuten backen.

▶ **Nährwerte pro Portion**
470 kcal, 44 g KH (= 3,7 BE/4,4 KE), 5 g BS, 357 mg Ω-3-FS, 50 µg Jod, 2 mg Eisen, 451 mg Kalzium, 102 µg Folsäure

Tipp

Tragen Sie beim Schälen und Reiben der roten Bete am besten Handschuhe, denn die rote Farbe hält sich hartnäckig.

Großer Effekt: Saucen und Dips

Viele Gerichte sind erst mit einer Sauce komplett. Saucen verbinden die einzelnen Komponenten einer Mahlzeit, bringen Aroma und Würze mit und machen eher trockene Bestandteile schön saftig. Sie können Fleisch-, Fisch- und vegetarische Gerichte mit genau dem richtigen Aromakick vervollständigen, können aber auch die Hauptkomponente eines Gerichts sein.

Dips und Saucen unterscheiden sich hauptsächlich in ihrer Konsistenz. Während Saucen mit ihrer mehr oder weniger flüssigen Beschaffenheit die übrigen Zutaten eines Gerichts umhüllen, werden Dips dazu gereicht und die festeren Zutaten hineingestippt. Im Gegensatz zu den meisten Saucen serviert man sie kalt. Sie sind meist schnell selbst gemacht, da sie kalt angerührt werden und man höchstens ein bisschen was klein schnippeln muss. Fast immer haben sie Milchprodukte zur Basis oder als Bestandteil. Damit tragen sie zu einem guten Eiweißgehalt bei. Im Kühlschrank aufbewahrt halten sich Dips ein paar Tage und sind so ideal für schnelle Zwischenmahlzeiten zum Dippen von Gemüsesticks etc.

Manche Saucen sind leider richtige Kalorienbomben, weil sie viel Fett enthalten. Fetthaltige Saucen kann man mit vielen unterschiedlichen Tricks entfetten oder man macht gleich eine Sauce, die von vorn herein wenig Fett enthält. Bratensaucen zum Beispiel enthalten in der Regel viel Fett, von dem man aber ganz einfach ohne Geschmackseinbußen einen Großteil loswerden kann: entweder die Sauce erkalten lassen, am besten im Kühlschrank, und das fest gewordene Fett, das sich dann oben absetzt, einfach abschöpfen. Schneller geht es mit einem speziellen Saucenkännchen mit tief angesetzter Tülle, aus dem nur der fettarme untere Teil der Sauce ausgegossen wird. Man kann das Fett auch mit Küchenkrepp oder einer Filtertüte von der Oberfläche abtupfen oder es mit in ein Tuch gewickelten Eiswürfeln regelrecht heruntersaugen.

Ersetzt man bei Sahnesaucen die Sahne ganz oder teilweise durch Joghurt oder saure Sahne, hat man eine fettarme Variante. Dann darauf achten, dass die Sauce nach der Zugabe nicht mehr kocht, damit nichts ausflockt. Mayonnaise mischt man mit der gleichen Menge Joghurt, schon hat man das Lightprodukt.

Auch püriertes gekochtes Gemüse ergibt tolle Saucen: Man verdünnt es – je nach gewünschter Konsistenz – mit Gemüsekochwasser und schmeckt es würzig ab. Das liefert zudem noch eine Extraladung Ballaststoffe.

Milde Paprikasauce

Leichte Sauce mit viel Geschmack

▶ Für 2 Portionen
geht schnell
15 Min.

½ Zwiebel · 1 Knoblauchzehe · 1 rote Paprikaschote · 1 TL Olivenöl · 120 ml Gemüsefond · 2 EL Frischkäse · Jodsalz · frisch gemahlener schwarzer Pfeffer · Cayennepfeffer nach Belieben · 1 EL Schnittlauchröllchen

- Zwiebel und Knoblauch schälen und fein würfeln. Die Paprikaschote waschen, Samen und Scheidewände entfernen und das Fruchtfleisch in kleine Würfel schneiden.
- Das Öl erhitzen und Zwiebeln und Knoblauch darin glasig dünsten. Die Paprikawürfel zugeben und kurz mitdünsten.
- Mit der Brühe ablöschen und den Frischkäse unterrühren. Die Sauce 5 Minuten köcheln lassen, dann cremig pürieren.
- Salz, Pfeffer, Cayennepfeffer und Schnittlauchröllchen unterrühren.

▶ Nährwerte pro Portion
140 kcal, 7 g KH (= 0,6 BE/0,7 KE), 4 g BS, 162 mg Ω-3-FS, 45 µg Jod, 1 mg Eisen, 51 mg Kalzium, 0 µg Folsäure

Leichte Sauce hollandaise

Weniger Fett durch Verwendung eines Teils Gemüsebrühe

▶ Für 2 Portionen
geht schnell
15 Min.

40 g Butter · 2 TL Mehl · 100 g Sahne · 100 ml Gemüsebrühe · ½ TL Senf · 1 TL Zitronensaft · 1 Prise Kurkuma · Jodsalz · weißer Pfeffer

- Butter in einem kleinen Topf schmelzen lassen. Das Mehl hineinstäuben und unter Rühren mit dem Schneebesen kurz anschwitzen
- Sahne und Gemüsebrühe vermischen und unter Rühren zur Mehlschwitze geben. Dann Senf und Zitronensaft unterrühren und kurz aufkochen lassen. Einige Minuten bei schwacher Hitze etwas einkochen lassen. Dann mit Kurkuma, Salz und Pfeffer würzen.

▶ Nährwerte pro Portion
325 kcal, 7 g KH (= 0,6 BE/0,7 KE), 1 g BS, 439 mg Ω-3-FS, 57 µg Jod, 1 mg Eisen, 61 mg Kalzium, 7 µg Folsäure

▶ Leichte Sauce hollandaise, milde Paprikasauce und Curry-Bananen-Dip

Avocado-Tomaten-Dip

Gesunde ungesättigte Fettsäuren und Eiweiß

▶ **Für 2 Portionen**
geht schnell
25 Min.
½ unbehandelte Limette · 3 EL Öl · Salz · frisch gemahlener schwarzer Pfeffer · Zucker · 1 Tomate · 1 EL frisches gehacktes Basilikum · 1 Avocado · 100 g Magerquark

- Von der Limette die Schale abreiben und den Saft auspressen. 2 Esslöffel Limettensaft mit Öl, Salz, Pfeffer und 1 Prise Zucker verrühren.
- Die Tomate waschen, vierteln, die Kerne entfernen und das Fruchtfleisch in Würfel schneiden. Limetten-Öl-Mischung und Basilikum hinzufügen und etwa 15 Minuten ziehen lassen.
- In der Zwischenzeit die Avocado halbieren und den Stein entfernen. Das Fruchtfleisch mit einem Löffel herauslösen und zusammen mit dem Quark pürieren.
- Die abgeriebene Limettenschale unterrühren und mit 1 Esslöffel Limettensaft, Salz, Pfeffer und 1 Prise Zucker abschmecken. Die Tomatenmischung darübergeben.

▶ **Nährwerte:**
328 kcal, 5,5 g KH (=0,2 BE/0,6 KE), 2 g BS, 182 mg Omega-3-FS, 6,6 µg Jod, 0,8 mg Eisen, 79 mg Kalzium, 44 µg Folsäure

Curry-Bananen-Dip

Einfach und schnell

▶ **Für 2 Portionen**
preisgünstig
5 Min.
1 Banane · 150 g saure Sahne · 2 EL Zitronensaft · ½ TL Curry · frisch gemahlener schwarzer Pfeffer · Jodsalz

- Die Banane schälen, zerdrücken und mit den restlichen Zutaten verrühren.

Das passt dazu: Dieser Dip passt besonders gut zu pikantem Hefegebäck.

▶ **Nährwerte pro Portion**
155 kcal, 17 g KH (= 1,4 BE/1,7 KE), 1 g BS, 128 mg Ω-3-FS, 51 µg Jod, 1 mg Eisen, 99 mg Kalzium, 20 µg Folsäure

Rote-Bete-Meerrettich-Dip

Kräftiger Geschmack und tolle Farbe

▶ **Für 2 Portionen**
gut vorzubereiten
40 Min.
250 g Rote Bete · ½ Apfel (z. B. Elstar) · 1 EL Meerrettich · 50 g Frischkäse · ½ EL Leinöl · Saft von ½ Zitrone · 1 Prise Salz · frisch gemahlener schwarzer Pfeffer

- Die Rote Bete schälen, grob zerkleinern und etwa 30 Minuten in einem Topf mit ausreichend Wasser weich kochen.
- In der Zwischenzeit den Apfel waschen, schälen, das Kerngehäuse entfernen und das Fruchtfleisch grob zerkleinern.
- Die Rote Bete kurz abkühlen lassen, dann mit Apfel und Meerrettich in ein hohes Gefäß geben, mit Zitronensaft beträufeln und mit dem Pürierstab fein pürieren. Mit Salz und Pfeffer abschmecken.

Das passt dazu: Dieser kräftige Dip schmeckt prima zu dunklem Vollkornbrot.

▶ **Nährwerte pro Portion**
186 kcal, 15,2 g KH (= 1,2 BE/1,8 KE), 3,6 g BS, 2 g Ω-3-FS, 3 µg Jod, 1 mg Eisen, 62 mg Kalzium, 101 µg Folsäure

Radieschen-Kefir-Dip

Frisch und lecker

▶ **Für 2 Portionen**
gut vorzubereiten
10 Min.
3 Bund Radieschen · 200 ml Kefir · 100 g Sahne · 1 TL Zitronensaft · ½ TL Zucker · 1 Prise Jodsalz · 1 Prise frisch gemahlener Pfeffer

- Die Radieschen waschen, putzen und grob hacken. Dann zusammen mit dem Kefir pürieren.
- Die Sahne mit Zitronensaft und Zucker steif schlagen und unter die Radieschencreme heben. Mit Salz und Pfeffer abschmecken und kalt stellen.

▶ **Nährwerte pro Portion**
260 kcal, 16 g KH (= 1,3 BE/1,6 KE), 6 g BS, 382 mg Ω-3-FS, 82 µg Jod, 6 mg Eisen, 295 mg Kalzium, 100 µg Folsäure

Sesam-Joghurt-Dip

Toller Kalziumspender

▶ Für 2 Portionen
exotische Zutaten
5–10 Min.
½ unbehandelte Orange · 250 g Joghurt · 3 EL Tahin (Sesammus, aus dem Bioladen) · 1 EL Honig · ½ TL Piment · ½ TL Zimt · Jodsalz · frisch gemahlener schwarzer Pfeffer

- Die Schale von der Orange abreiben.
- Den Joghurt mit Tahin, Honig, Orangenschale, Piment und Zimt gut vermischen. Mit Salz und Pfeffer würzen.

▶ Nährwerte pro Portion
255 kcal, 19 g KH (= 1,6 BE/1,9 KE), 2 g BS, 178 mg Ω-3-FS, 41 µg Jod, 1 mg Eisen, 289 mg Kalzium, 33 µg Folsäure

Würzige Gemüsebolognese

Besonders viel Folsäure und Kalzium

▶ Für 2 Portionen
preisgünstig
30–35 Min.
1 Zwiebel · 1 Knoblauchzehe · 200 g Zucchini · 2 Möhren · 1 rote Paprikaschote · 1 EL Olivenöl · 1 ½ EL Tomatenmark · 1 Lorbeerblatt · 1 Prise Zucker · frisch gemahlener schwarzer Pfeffer · Thymian · Rosmarin · 250 ml Gemüsebrühe

- Zwiebel und Knoblauch schälen und fein würfeln. Die Zucchini waschen und putzen, die Möhren schälen und putzen, die Paprikaschote waschen, Samen und Scheidewände entfernen. Die Zucchini fein würfeln, Möhren und Paprika in feine Streifen schneiden.
- Das Öl erhitzen und Zwiebel und Knoblauch leicht andünsten. Das vorbereitete Gemüse, Tomatenmark, Lorbeerblatt und Zucker dazugeben. Mit Pfeffer und Kräutern würzen.
- Mit Gemüsebrühe aufgießen und bei schwacher Hitze 15–20 Minuten schmoren lassen.
- Eventuell noch Brühe nachgießen. Mit Pfeffer und Zucker abschmecken, das Lorbeerblatt entfernen.

▶ Nährwerte pro Portion
170 kcal, 16 g KH (= 1,3 BE/1,6 KE), 8 g BS, 239 mg Ω-3-FS, 20 µg Jod, 5 mg Eisen, 112 mg Kalzium, 102 µg Folsäure

Gemüsefond

Viel besser als gekaufter!

- Das Suppengrün putzen und in grobe Stücke schneiden. Die Zwiebel waschen, aber nicht schälen, und halbieren.
- Die Knoblauchzehe ungeschält etwas platt drücken. Die Tomate waschen und halbieren.
- Das Gemüse mit dem Sträußchen Thymian in 2 l kaltes Wasser geben und aufkochen lassen. Bei schwacher Hitze 1 ½–2 Stunden mit geschlossenem Deckel köcheln lassen.
- Den Fond durch ein mit einem Geschirrtuch ausgelegtes Sieb geben und salzen.

▶ Nährwerte pro Portion

7 kcal, 1 g KH (= 0 BE/0 KE), 0,7 g Ballaststoffe, 8 mg Omega-3-FS, 8 µg Jod, 0,3 mg Eisen, 24 mg Kalzium, 7 µg Folsäure

Tipp

Basis für viele Saucen sind Fleisch-, Fisch-, Pilz- oder Gemüsefonds. Fonds sind stark eingekochte Brühen und unterscheiden sich von letzteren hauptsächlich durch die längere Kochzeit. Während Brühen immer klar sind, können Fonds durch das lange Kochen auch dunkel sein. Fonds kann man als Pulver oder in flüssiger Form kaufen. Aber – wie bei so vielen Dingen – schmecken sie selbst gemacht viel, viel besser. Probieren Sie es aus, es ist nicht viel Arbeit!

▶ Für 2 l

gut vorzubereiten

5–10 Min. +

1 ½–2 Std. Kochzeit

1 Bund Suppengrün (Möhren, Knollensellerie, Petersilienwurzel, Lauch) · **1** Zwiebel · **1** Knoblauchzehe · **1** Tomate · **1 Sträußchen** Thymian · Jodsalz

Geflügelfond

Aromatische Saucengrundlage

▶ **Für 2 l**
gelingt leicht
10 Min. + 1 ½–2 Std. Kochzeit
1 Gemüsezwiebel · 1,75 kg Geflügelklein · 6 Pfefferkörner · 2 Möhren · 1 Stange Staudensellerie · 1 Bouquet garni (Kräutersträußchen aus Petersilie, Selleriegrün und Lorbeer) · Jodsalz

- Die Gemüsezwiebel schälen, die Hälfte davon in grobe Stücke schneiden. Mit dem Geflügelklein in einen Topf geben und 2 l kaltes Wasser sowie die Pfefferkörner zugeben und aufkochen.
- Währenddessen Möhren schälen, Staudensellerie putzen und beides grob würfeln. Von dem Geflügelfond den Schaum abschöpfen.
- Möhren und Sellerie mit den Kräutern in den Topf geben. Bei schwacher Hitze 1 ½–2 Stunden köcheln lassen. Den Fond durch ein mit einem Geschirrtuch ausgelegtes Sieb geben und salzen.

▶ **Nährwerte pro Portion**
95 kcal, 2,4 g KH (= 0 BE/ 0 KE), 0,7 g BS, 97 mg Omega-3-FS, 8 µg Jod, 1,2 mg Eisen, 27 mg Kalzium, 9 µg Folsäure

Tipp

Selbst gemachte Fonds kann man gut einfrieren oder nach nochmaligem Aufkochen heiß in gut gespülte Schraubdeckelgläser füllen und umgedreht abkühlen lassen. Sie halten sich im Kühlschrank etwa 3 Wochen.

Statt Dessert: süße Zwischenmahlzeiten

Diabetes und Süßes für zwischendurch – passt das denn überhaupt zusammen? Klar, auf Zuckerbomben wie Crème brulée, sirupgetränkte orientalische Süßspeisen und alle Arten Schokoriegel müssen sie verzichten. Aber nicht auf jeden süßen Genuss!

Desserts sind zwar ein schöner und befriedigender Abschluss einer Mahlzeit, aber können zusammen mit den Kohlenhydraten, die Sie schon in der Hauptmahlzeit verzehrt haben, für einen zu hohen Blutzuckeranstieg sorgen. Es ist viel besser, wenn Sie sich eine süße Leckerei etwas aufheben und sie ein paar Stunden später als Zwischenmahlzeit genießen. Bis dahin hatte ihr Körper schon Zeit, die Kohlenhydrate abzubauen, die er bei der Hauptmahlzeit bekommen hat, und kann eine kleine Kohlenhydratdosis wieder ganz gut wegstecken. Fragen Sie aber auch Ihren Arzt, ob er in Ihrem Fall süße Zwischenmahlzeiten für unbedenklich hält!

Obst eignet sich als Zwischenmahlzeit, wenn es nicht so zuckersüße Sorten sind wie Trauben oder exotische Früchte. Wegen der Ballaststoffe macht sich eine Handvoll Obst – mehr sollte es allerdings nicht werden – auch in jeder Süßspeise gut, denn diese sorgen dafür, dass der Zucker nicht zu schnell ins Blut übergeht. Oft reicht die Süße von Obst auch aus und man muss keine weiteren Süßungsmittel verwenden.

Auch Fett verlangsamt die Zuckeraufnahme ins Blut, weshalb Sie für Süßes sogar gerne mehr Fett verwenden dürfen. Gönnen Sie sich also ruhig ein Obst-Tiramisu mit Mascarpone (aber ohne rohe Eier, denn die bergen eine Verkeimungsgefahr) oder einen Sahnequark mit Früchten. Auch ein, zwei Kugeln Eis dürfen mal sein. Lassen Sie das aber nicht zur Gewohnheit werden, denn zu viel Fett wirkt sich natürlich irgendwann negativ auf der Waage aus.

Zimt ist übrigens ein Gewürz, das nicht nur eine leckere Aromanote in viele Süßspeisen bringt, sondern sogar den Blutzuckerspiegel positiv beeinflussen kann.

Rote Grütze mit Vanillejoghurt

Beerig, süß und zuckerfrei mit Stevia

▶ **Für 2 Portionen**
gut vorzubereiten
15 Min. + 5 Std. im Kühlschrank
250 g Beerenobst (z. B. Himbeeren, Johannisbeeren und Erdbeeren) · 125 ml roter Traubensaft (ohne Zuckerzusatz) · ¼ TL Gelatinepulver · 1 TL Zitronensaft · 150 g Joghurt · 40 Tropfen Steviaextrakt · 1 Msp. gem. Vanille · 2 TL Haferkleie

- Die Beeren verlesen, waschen und abtropfen lassen. 2 Esslöffel Traubensaft mit Gelatine verrühren. Den restlichen Saft mit dem Zitronensaft zum Kochen bringen. Die angerührte Gelatine und 20 Tropfen Stevia unterrühren und den Saft kurz aufkochen lassen. Die Beeren zugeben und alles erneut aufkochen lassen.
- Die Beeren im Topf auf der ausgeschalteten Herdplatte 2 Minuten ziehen lassen, mit dem Stevia abschmecken. Dann in Schälchen verteilen und etwa 5 Stunden kühl stellen, bis die Grütze fest ist.
- Den Joghurt mit der gemahlenen Vanille, dem restlichen Stevia und der Haferkleie gut verrühren. Auf Tellern verteilen und die Grütze darauf stürzen.

▶ **Nährwerte pro Portion**
200 kcal, 34 g KH (= 2,8 BE/3,4 KE), 2 g BS, 83 mg Ω-3-FS, 8 µg Jod, 1 mg Eisen, 140 mg Kalzium, 16 µg Folsäure

Sahniges Bananen-Tiramisu

Hier sind Bananen mal erlaubt: wenige BE, aber süß und lecker

▶ **Für 2 Portionen**
gut vorzubereiten
10–15 Min. + 3–4 Std. Kühlzeit
50 g Sahne · 125 g Mascarpone · etwas Mandelsirup · 50 g Löffelbiskuits · 60 ml starker kalter Kaffee · ¼ Banane · etwas Kakaopulver · etwas Zimt

- Die Sahne leicht schlagen. Den Mascarpone mit Mandelsirup und Sahne verrühren.
- Die Löffelbiskuits in einer Form auslegen und mit dem Kaffee beträufeln. Die Banane schälen, in dünne Scheiben schneiden und darauflegen.
- Die Quarkmasse auf den Bananen verteilen und das Tiramisu für 3–4 Stunden zum Durchziehen in den Kühlschrank stellen.
- Vor dem Servieren Kakaopulver und Zimt darüberstäuben.

▶ **Nährwerte pro Portion**
205 kcal, 13 g KH (= 1,1 BE/1,3 KE), 7 g BS, 218 mg Ω-3-FS, 5 µg Jod, 7 mg Eisen, 53 mg Kalzium, 14 µg Folsäure

▶ Rote Grütze mit Vanillejoghurt

Eis zum Dahinschmelzen – ohne Zucker

Zucker ist eine der Hauptzutaten von Eis. Er ist auch für dessen Konsistenz verantwortlich. Es gibt aber Möglichkeiten, ganz ohne Zucker Eis selbst zu machen, und zwar ohne viel Aufwand. Es ist zwar dann nicht mit dem Eis aus der Eisdiele vergleichbar, aber eine wunderbar leckere Erfrischung wird es auf jeden Fall.

Probieren Sie mal diese Zubereitung; es geht ganz einfach und man braucht keine Eismaschine: Sahne schlagen, mit Aromazutaten vermischen und 3 Stunden im Gefrierfach gefrieren lassen. Fertig. Als Aromazutaten eignen sich zum Beispiel das Mark aus Vanilleschoten, pürierte Himbeeren oder gehackte Mandeln und Nüsse sowie Mandelmus. Sofort genießen.

Wunderbar kühlend an heißen Tagen sind auch Sorbets. Wegen des hohen Zuckeranteils sind herkömmliche Sorbets aber nichts für einen zu hohen Blutzuckerspiegel. Doch Sie können den Zucker durch Süßstoff oder Stevia ersetzen, sodass auch Sie in den erfrischenden Genuss kommen dürfen, oder aber ihn auch ganz weglassen, wie das Rezept auf Seite 106 beweist. Wenn Sie Süßstoff verwenden, lösen Sie ihn in der zehnfachen Menge Wasser auf. Dann pürieren Sie die Früchte nach Wunsch und geben dabei das gesüßte Wasser und nach Belieben etwas Sahne (etwa ein Fünftel der Fruchtmenge) zu. Anschließend in der Eismaschine gefrieren lassen. Ganz schnell geht es, wenn Sie gleich TK-Früchte verwenden wie im Rezept auf der nächsten Seite.

Selbst wenn Sie gar keinen Zucker zusetzen, sollten Sie – je nach Ausprägung Ihres Diabetes –Ihren Blutzuckerspiegel im Blick behalten, da ein Sorbet aufgrund der natürliche Süße der Früchte Kohlenhydrate enthält.

Eine Eismaschine macht die Herstellung von »richtigem« Eis besonders einfach: Die Maschine rührt die Masse regelmäßig, damit sich keine großen Eiskristalle bilden. Das ist schon das ganze Geheimnis. Manche Maschinen stellt man ins Gefrierfach, andere kühlen selbsttätig.

Aber auch ohne eine Maschine kann man eigenes Eis herstellen. Dafür gibt man die Eismasse in eine Metallschüssel, die man ins Tiefkühlfach stellt. Wichtig ist dann, dass man sie während des mehrstündigen Gefrierprozesses regelmäßig alle 20–30 Minuten gründlich umrührt, um die sich bildenden Eiskristalle aufzubrechen. Auch so bekommt man ein schön cremiges Eis.

Quarkeis mit Stevia

Dieses Eis kommt ganz ohne Eier und ohne Zucker aus!

▶ **Für 2 Portionen**
gelingt leicht
10 Min. + 45 Min. Kühlzeit
500 g Magerquark · **6 EL** Kakaopulver · **2 TL** Vanillezucker · **¼ TL** Steviapulver

- Den Quark mit Kakaopulver, Vanillezucker und Stevia in einer Schüssel gut verrühren.
- 20 Minuten ins Tiefkühlfach stellen.
- Die Creme gut durchrühren und nochmals 25 Minuten kalt stellen. Danach die Eiscreme auf 2 Dessertgläser aufteilen und servieren.

▶ **Nährwerte pro Portion**
285 kcal, 19 g KH (= 0,8 BE/1,9 KE), 11 g BS, 8 mg Ω-3-FS, 26 µg Jod, 5,4 mg Eisen, 340 mg Kalzium, 88 µg Folsäure

Tipp

In die noch nicht gefrorene Creme können Sie Beeren wie Erdbeeren, Himbeeren oder Heidelbeeren rühren.

Sorbet mit Stevia

Als Grundlage für die Sorbetmasse dienen Bananen – daher an die BE denken!

▶ **Für 4 Portionen**
geht schnell
10 Min.
3 Bananen · **250 g** tiefgefrorene Früchte (Heidelbeeren, Pfirsiche, Erdbeeren, Himbeeren etc. nach Wunsch) · **10–15** Tropfen Stevia Fluid · **¼ TL** gemahlene Vanille nach Belieben · **1** Zitrone

- Bananen im Mixer pürieren.
- Die Hälfte der TK-Früchte, Stevia, Vanille und Zitronensaft zugeben und zu einer cremigen Masse mixen.
- Übrige TK-Früchte zugeben und alles nochmals pürieren. Sofort servieren und genießen.

▶ **Nährwerte:**
135 kcal, 30 g KH (=2,5 BE/3 KE), 2,9 g BS, 3,5 µg Jod, 0,8 mg Eisen, 22 mg Kalzium, 24 µg Folsäure

Schokoladenmousse

Naschvergnügen mit Kalziumbonus

▶ **Für 2 Portionen**
gut vorzubereiten
20 Min. + 3 Std. im Kühlschrank
½ Blatt weiße Gelatine · 75 g dunkle Schokolade (mind. 70 % Kakaogehalt) · 225 g Joghurt · Süßstoff nach Geschmack · 1 TL Espressopulver · 75 g Sahne

- Die Gelatine 5 Minuten in kaltem Wasser einweichen.
- Währenddessen die Hälfte der Schokolade in Stücke brechen und in einer Schüssel über einem Wasserbad schmelzen. Joghurt und Süßstoff nach und nach unterrühren und die Mischung abkühlen lassen.
- Die Gelatine ausdrücken und mit dem Espressopulver in einem kleinen Topf bei schwacher Hitze auflösen. Unter Rühren zur Schokoladenmasse geben.
- Die Sahne steif schlagen und unterheben. Im Kühlschrank mindestens 3 Stunden fest werden lassen.

Das passt dazu: Kirschkompott, Himbeer- oder Vanillesauce.

▶ **Nährwerte pro Portion**
340 kcal, 24 g KH (= 2 BE/2,4 KE), 7 g BS, 214 mg Ω-3-FS, 13 µg Jod, 3 mg Eisen, 203 mg Kalzium, 23 µg Folsäure

Himbeer-Birnen-Sorbet

Fruchtige Schleckerei mit respektablem Ballaststoffanteil

▶ **Für 2 Portionen**
geht schnell
10–15 Min.
ca. 150 g gefrorene Himbeeren · 1 Birne · evtl. gehackte oder gehobelte Mandeln

- Die gefrorenen Himbeeren in einen hohen Rührbecher geben. Die Birne waschen, das Kerngehäuse entfernen, das Fruchtfleisch in große Stücke schneiden und auf die Himbeeren geben.
- Mit dem Pürierstab gründlich pürieren. Dann in Schälchen verteilen und nach Belieben mit Mandeln bestreuen.

Variante: 2 Teelöffel Mandelmus mitpürieren oder die Birnen durch Bananen ersetzen.

▶ **Nährwerte pro Portion**
105 kcal, 13 g KH (= 1 BE/1,3 KE), 8 g BS, 82 mg Ω-3-FS, 2 µg Jod, 1 mg Eisen, 55 mg Kalzium, 28 µg Folsäure

Naschen erlaubt: Kuchen und Gebäck

Süßes ist nicht tabu, sondern hin und wieder und in kleinen Mengen erlaubt – wenn Ihnen Ihr Arzt grünes Licht gegeben hat.

Manchmal reicht die Süße von einem Stück Obst schon aus, um ein aufkeimendes Süßigkeitsverlangen zu stillen. Das ist gut. Ein anderes Mal muss es dann aber doch Schokolade sein, ein Eis oder eine üppige Sahnetorte. Auch das kann ab und zu in Ordnung sein, weil das zugleich aufgenommene Fett die Aufnahme des Zuckers ins Blut verzögert und so der Blutzucker nicht ganz so jäh ansteigt. Den gleichen Effekt haben Ballaststoffe, die in Vollkornprodukten und Obst vorkommen. Ein Stück Kuchen mit Vollkornmehl gebacken und mit etwas Obst verfeinert, gerne noch mit einem Klacks Schlagsahne darauf, darf also sein. Aber auch hier kommt es immer darauf an, was Ihnen der Arzt erlaubt! Reduzieren Sie auch die Zuckermengen in Backrezepten, die ohnehin meist viel zu hoch sind. Kuchen und Gebäck nach klassischen Rezepten gelingen in der Regel auch mit einem Drittel weniger Zucker gut und schmecken.

Es gibt also für Sie eine ganze Menge Möglichkeiten, Süßes zu genießen. Versuchen Sie aber dennoch, diese Genießerphasen in Grenzen zu halten, denn auch relativ »gesunde« Süßigkeiten und Kuchen enthalten eben Zucker, der Ihren Blutzuckerspiegel strapaziert. Mehr als zweimal pro Woche sollten Sie dem Verlangen nicht nachgeben – selbst wenn die Süßigkeiten mit »guten« Begleitern wie beispielsweise Fett und Ballaststoffen daherkommen.

Von Zuckeraustauschstoffen wie Fruktose wird heute abgeraten. Fruktose wird zwar nahezu insulinunabhängig vom Körper aufgenommen, hat dafür aber andere ungünstige Auswirkungen auf den Stoffwechsel von Diabetikern und verhält sich darüber hinaus beim Backen anders als Haushaltszucker.

Man kann sich sehr schnell an weniger süße Nahrungsmittel gewöhnen und empfindet dann auch weniger Süßes als ausreichend süß. Wenn Sie dann mal wieder in einen herkömmlichen Schokoriegel oder einen Kuchen aus der Bäckerei beißen, ist es gut möglich, dass Ihnen diese Süße plötzlich viel zu viel ist. Hervorragend, bleiben Sie dabei! Es gibt keinen Grund, sich wieder umzugewöhnen, selbst wenn Ihre Schwangerschaft vorbei ist und sich Ihr Blutzuckerwert normalisiert hat. Zu viel Zucker ist nie gesund, birgt immer die Gefahr, an Diabetes zu erkranken und übergewichtig zu werden.

Apple Crumble

Köstlich!

▶ Für 6 Portionen
geht schnell
15 Min. + 40–45 Min. im Backofen
75 g kalte Butter und etwas für die Form · 150 g Vollkornmehl · 450 g säuerliche Äpfel · 1 EL Zimt · 10 g Roh-Rohrzucker

- Den Backofen auf 180 Grad vorheizen. Die Butter würfeln und das Mehl in eine große Schüssel geben. Die Butter nach und nach mit dem Mehl vermischen und zu Streuseln verreiben.
- Die Äpfel schälen, die Kerngehäuse entfernen und das Fruchtfleisch klein schneiden. Mit 5 Esslöffeln Wasser und dem Zimt mischen.
- In eine gefettete Auflaufform geben und die Streusel und den Zucker darüberstreuen.
- Im vorgeheizten Backofen 40–45 Minuten backen, bis die Streusel goldbraun sind.

▶ Nährwerte pro Portion
215 kcal, 25 g KH (= 2,1 BE/2,5 KE), 4 g BS, 179 mg Ω-3-FS, 3 µg Jod, 2 mg Eisen, 23 mg Kalzium, 17 µg Folsäure

Chocolate Chip Cookies

Kleines Schokoladenvergnügen

▶ Für ca. 65 Stück
gut vorzubereiten
25 Min. + 10–12 Min. im Backofen
½ Vanilleschote · 200 g weiche Butter · 3 EL brauner Zucker · 200 g Weizenvollkornmehl · 1 Päckchen Backpulver · 200 g dunkle Schokolade (mind. 70 % Kakaoanteil) · 200 g Mandeln

- Die Vanilleschote aufschlitzen und das Mark herauskratzen. Das Vanillemark mit Butter und Zucker schaumig schlagen, Mehl und Backpulver mischen und darunterrühren.
- Die Schokolade und die Mandeln grob hacken und unter den Teig rühren.
- Den Backofen auf 200 Grad vorheizen. Walnussgroße Teighäufchen auf ein ungefettetes Backblech setzen, etwas flach drücken und 10–12 Minuten im vorgeheizten Ofen backen.
- Sofort mit einem Messer vom Blech heben und auf einem Kuchengitter abkühlen lassen.

▶ Nährwerte pro Stück
65 kcal, 4 g KH (= 0,4 BE/0,4 KE), 1 g BS, 46 mg Ω-3-FS, 0,5 µg Jod, 0,5 mg Eisen, 15 mg Kalzium, 5 µg Folsäure

▶ Apple Crumble

Wir freuen
uns
auf Dich!

Vollkorn-Hefezopf

Kalziumreich zum Kaffee

▶ **Für 16 Portionen**
braucht etwas mehr Zeit
15 Min. + Gehzeit 30 Min. und über Nacht + 45–50 im Backofen
220 ml Milch · 1 Würfel Hefe (42 g) · 120 g weiche Butter · 4 Eigelb · 6 EL Ahornsirup · 1 Prise Jodsalz · 475 g Weizen-Vollkornmehl und etwas für die Arbeitsfläche

- Die Milch bis auf 2 Esslöffel lauwarm erwärmen, die Hefe hineinbröckeln und rühren, bis sie sich aufgelöst hat.
- In einer Schüssel die Butter mit 3 Eigelben, Ahornsirup und Salz schaumig schlagen. Abwechselnd die Hefemilch und das Mehl unterrühren und kurz verkneten.
- Den Teig auf einer leicht mit Mehl bestäubten Arbeitsfläche kneten. In eine Schüssel geben und an einem kühlen Ort oder im Kühlschrank über Nacht gehen lassen; der Teig sollte sein Volumen verdoppelt haben.
- Den Teig nochmals durchkneten und noch einmal etwa 30 Minuten gehen lassen. Dann auf einer bemehlten Arbeitsfläche dritteln und zu 3 etwa 40 cm langen Rollen formen.
- Die Rollen zu einem Hefezopf flechten und vorsichtig auf ein mit Backpapier belegtes Blech legen. Das übrige Eigelb mit der restlichen Milch verrühren und den Hefezopf damit bestreichen.
- Den Hefezopf in den kalten Backofen schieben. Bei 200 Grad 45–50 Minuten backen. Auf einem Backofenrost abkühlen lassen.

▶ **Nährwerte pro Portion**
195 kcal, 22 g KH (= 1,9 BE/2,2 KE), 3 g BS, 170 mg Ω-3-FS, 7 µg Jod, 2 mg Eisen, 64 mg Kalzium, 54 µg Folsäure

Tipp

Hefeteig im Kühlen gehen lassen? Klingt ungewöhnlich, funktioniert aber gut und hat gleich 2 Vorteile: Man kann die Arbeit gut aufteilen und der Zopf wird wunderbar feinporig.

Versunkener Kirschkuchen

Schlemmerei in kleinen Portionen

▶ **Für 20 Stücke**
gut vorzubereiten
25 Min. + 35 Min. im Backofen
300 g Sauerkirschen · 5 Eier · 50 g Zucker · 250 g Butter und etwas für das Blech · 100 g Puderzucker und etwas zum Bestäuben · 1 TL Vanilleextrakt · 250 g Weizenvollkornmehl und etwas für das Blech

- Den Backofen auf 180 Grad vorheizen. Das Backblech fetten und bemehlen.
- Die Kirschen entkernen und die Eier trennen. Das Eiweiß mit dem Zucker steif schlagen.
- In einer zweiten Schüssel Butter, Puderzucker und Vanilleextrakt schaumig rühren. Die Eigelbe nach und nach unterrühren und etwa 10 Minuten sehr schaumig rühren. Zuletzt vorsichtig abwechselnd Mehl und Eischnee unterheben, bis alles vermischt ist.
- Den Teig auf das Backblech streichen, mit den Kirschen belegen und 35 Minuten backen. Abkühlen lassen und mit Puderzucker bestäuben.

▶ **Nährwerte pro Portion**
190 kcal, 17 g KH (= 1,4 BE/1,7 KE), 1 g BS, 213 mg Ω-3-FS, 2 µg Jod, 1 mg Eisen, 15 mg Kalzium, 17 µg Folsäure

Möhren-Nuss-Muffins

Nuss und Möhre: eine gesunde und leckere Kombination

▶ **Für 6 Stück**
geht schnell
20 Min. + 25–30 Min. im Backofen
125 g Butter · 75 g Roh-Rohrzucker · 2 Eier · 100 g Weizenvollkornmehl · ½ Päckchen Backpulver · 1 Prise Zimt · 1 Prise Muskat · 250 g Möhren · 50 g Walnüsse · 1 Prise gemahlene Nelke · abgeriebene Schale von einer unbehandelten Zitrone

- Die Butter mit dem Zucker schaumig schlagen. Die Eier einzeln zugeben und schaumig schlagen.
- Das Mehl mit Backpulver, Zimt und Muskat mischen und ebenfalls dazugeben, zu einem Teig verrühren.
- Den Backofen auf 175 Grad vorheizen. Die Möhren schälen und raspeln und die Walnüsse hacken. Möhrenraspel, Walnüsse und etwas gemahlene Nelke in den Teig geben und unterrühren.
- Papierförmchen in die Muffinform setzen, den Teig hineinfüllen und im vorgeheizten Backofen 25–30 Minuten backen. Auskühlen lassen und aus der Form lösen.

▶ **Nährwerte pro Portion**
180 kcal, 13 g KH (= 1,1 BE/1,3 KE), 2 g BS, 425 mg Ω-3-FS, 5 µg Jod, 1 mg Eisen, 35 mg Kalzium, 17 µg Folsäure

Weihnachtsgebäck ohne Reue

Weihnachten ohne Plätzchen? Das geht natürlich nicht. Aber obwohl Weihnachten ist, sind die Regeln für diabetesgerechtes Backen nicht außer Kraft gesetzt. Also: Mit Vollkorn und weniger Zucker dürfen auch Sie das ein oder andere Plätzchen knabbern.

Gekaufte Weihnachtssüßigkeiten wie Lebkuchenherzen und Spekulatius sind leider zu süß, sie müssen im Supermarktregal bleiben. Einen Schokoweihnachtsmann dagegen dürfen sie ruhig so nach und nach aufessen. Aber nicht alles auf einmal! Wenn Sie selbt backen, ersetzen Sie das weiße Mehl durch Vollkornmehl und beachten Sie, dass Sie dann 10 bis 15 Prozent mehr Flüssigkeit verwenden müssen. Die Zuckermenge können Sie in den meisten Rezepten um ein Drittel reduzieren, ohne dass Süße fehlen würde.

Wählen Sie keine Rezepte mit Orangeat, Zitronat oder Trockenfrüchten aus – denn hier steckt der Zucker geballt drin. Ein kleiner Trick gegen zu viel Plätzchennascherei: Kleine Ausstech- und Kuchenformen verwenden, dann isst man automatisch weniger.

Bethmännchen

▶ **Für etwa 35 Stück**
gelingt leicht
15 Min. + 1 Std. Ruhezeit + 15 Min. im Backofen
250 g Marzipan-Rohmasse · 1 Ei · 80 g Puderzucker · 65 g gemahlene Mandeln · 40 g Weizenmehl · 3 Tropfen Rosenwasser (aus der Apotheke) · 60 g ganze geschälte Mandeln

- Die Marzipan-Rohmasse grob hacken. Das Ei trennen. Den Puderzucker sieben.
- Marzipan, Puderzucker, Mandeln, Mehl, Eiweiß und Rosenwasser verkneten. In Frischhaltefolie gewickelt etwa 1 Stunde kalt stellen.
- Den Backofen auf 150 Grad vorheizen. Aus der Masse etwa 35 kleine Kugeln formen.
- Die Mandeln längs halbieren und jeweils 3 Mandelhälften hochkant seitlich um die Kugeln setzen und fest andrücken. Eigelb mit 1 Esslöffel Wasser verquirlen und die Bethmännchen dünn damit bestreichen.
- Auf ein mit Backpapier ausgelegtes Backblech setzen und etwa 15 Minuten backen. Auf einem Kuchengitter abkühlen lassen.

▶ **Nährwerte:**
72 kcal, 6 g KH (= 0,5 BE/0,6 KE), 1,3 g BS, 30 mg Omega-3-FS, 0 µg Jod, 0,4 mg Eisen, 22 mg Kalzium, 9 µg Folsäure

Knusprige Haselnussplätzchen

▶ Für 40 Stück
gelingt leicht
10 Min. + 45 Min. Ruhezeit
+ 15 Min. im Backofen

150 g Zucker · 120 ml Öl · 2 Eigelbe · 150 g Weizenvollkornmehl · 1 leicht gehäuften TL Backpulver · 150 g gemahlene Haselnüsse · ½ TL Lebkuchengewürz · abgeriebene Schale von 1 unbehandelten Zitrone · 1 Prise Salz · 40 ganze Haselnüsse

- Zucker, Öl und Eigelbe schaumig rühren. Weizenvollkornmehl, Backpulver, gemahlene Haselnüsse, Lebkuchengewürz, abgeriebene Zitronenschale und Salz zugeben und zu einem Teig verkneten. In Frischhaltefolie wickeln und im Kühlschrank 45 Minuten kalt stellen.
- Den Backofen auf 190 Grad vorheizen. Aus dem Teig zwei etwa 30 cm lange Rollen formen, von jeder Rolle 20 gleich große Stücke abschneiden, diese leicht rund formen und auf ein mit Backpapier ausgelegtes Blech legen.
- Jedes Plätzchen mit einer Haselnuss belegen und im vorgeheizten Backofen 12–15 Minuten backen.

▶ Nährwerte pro Stück
95 kcal, 7 g KH (= 0,6 BE/0,7 KE), 1 g BS, 306 mg Ω-3-FS, 2 µg Jod, 0,5 mg Eisen, 20 mg Kalzium, 8 µg Folsäure

Schoko-Nuss-Sterne

▶ Für etwa 50 Stück
gelingt leicht
15 Min. + 30 Min. Ruhezeit
+ 15 Min. im Backofen

75 g Butter · 75 g brauner Zucker · 1 Ei · 50 g dunkle Schokolade (mind. 70 % Kakaogehalt) · 125 g Weizenmehl · ½ TL Backpulver · 45 g Kokosraspeln · 1 TL gemahlene Vanille

- Butter und Zucker schaumig schlagen. Das Ei zugeben und wieder schaumig schlagen. Die Hälfte der Schokolade reiben und zusammen mit Mehl, Backpulver, 25 g Kokosraspeln und 1 Teelöffel gemahlener Vanille zu einem glatten Teig rühren. In Frischhaltefolie wickeln und 30 Minuten im Kühlschrank ruhen lassen.
- Den Backofen auf 180 Grad vorheizen. Den Teig auf einer bemehlten Arbeitsfläche ca. ½ cm dick ausrollen und daraus mit einer Ausstechform Sterne ausstechen. Auf ein mit Backpapier belegtes Backblech legen und etwa 15 Minuten backen.
- Restliche Schokolade im Wasserbad schmelzen und mit einem Löffel über die Kekse träufeln. Mit den übrigen Kokosraspeln bestreuen.

▶ Nährwerte pro Stück
40 kcal, 4 g KH (= 0,3 BE/0,4 KE), 0,5 g BS, 23 mg Ω-3-FS, 0 µg Jod, 0 mg Eisen, 0,5 mg Kalzium, 1 µg Folsäure

Himbeer-Käse-Kuchen

Lecker-fruchtige Kalziumbombe

Für 12 Stücke
gut vorzubereiten
15 Min. + 1 Std. im Backofen

300 g Himbeeren (TK oder frisch) · 4 Eier · 75 g Butter und etwas für die Form · 750 g Magerquark · 1 Päckchen Vanillepuddingpulver · 5 EL Grieß und etwas für die Form · 75 g Zucker · ½ Päckchen Backpulver · 1 Prise Jodsalz

- TK-Himbeeren auftauen lassen, frische Beeren vorsichtig waschen und abtropfen lassen. Den Backofen auf 200 Grad vorheizen. Die Eier trennen.
- Die Butter zerlassen, etwas abkühlen lassen und mit den Eigelben in einer Schüssel verrühren. Quark, Puddingpulver, Grieß, Zucker, Backpulver und Salz dazugeben und alles miteinander glatt rühren.
- Eine Springform fetten und mit Grieß ausstreuen. Die Eiweiße steif schlagen und vorsichtig unter die Quarkmasse heben.
- Den Teig in die Form füllen und die Himbeeren darauf verteilen. Im vorgeheizten Ofen 1 Stunde backen, evtl. zum Ende der Backzeit mit Alufolie abdecken, damit er nicht zu dunkel wird.

Nährwerte pro Portion
180 kcal, 16 g KH (= 1,3 BE/1,6 KE), 2 g BS, 170 mg Ω-3-FS, 14 µg Jod, 1 mg Eisen, 102 mg Kalzium, 35 µg Folsäure

Tipp

Der Kuchen hält sich im Kühlschrank etwa 5 Tage. Sie können ihn also gut vorbereiten.

Abwechslung tut gut: Getränke

Genug zu trinken ist für Ihre Gesundheit und für die Ihres Kindes sehr wichtig, denn der Körper braucht ausreichend Flüssigkeit, um funktionieren zu können. Zwar müssen es nicht zwingend – wie lange Zeit empfohlen – zwei Liter täglich sein. Aber Sie sollten schon darauf achten, gut mit Flüssigkeit versorgt zu sein.

Machen Sie es sich einfach und stellen Sie sich, wo immer Sie sind, eine Flasche Wasser oder etwas anderes hin. Und nehmen Sie etwas zu trinken mit, wenn Sie unterwegs sind! Natürlich muss es nicht unbedingt Wasser sein und es fällt Ihnen sicher leichter zu trinken, wenn Sie etwas Leckeres erwartet. Für mehr Abwechslung sind Tees ohne Zucker schön, die Sie entweder heiß oder auch kalt genießen können. Mit einem Schuss Zitronensaft wird kalter Tee zu einer sehr erfrischenden Angelegenheit, an heißen Tagen auch noch mit ein paar Eiswürfeln. Und wenn wettermäßig eher Glühwein angesagt ist, sind Früchtetees eine tolle Basis für alkoholfreie Punsche. Früchtetees schmecken übrigens auch ohne Zucker oder Süßstoff sehr gut.

Getränke mit Milchprodukten wie Buttermilch oder Joghurt löschen nicht nur den Durst, sondern liefern dazu noch Kalzium und andere Mineralstoffe, Vitamine und Eiweiß. Probieren Sie auch mal Molkedrinks, die es in verschiedenen Fruchtgeschmacksrichtungen im Kühlfach des Supermarkts gibt. Molke, ein Nebenprodukt der Käse- und Quarkherstellung, hat ebenfalls einen hohen Gehalt an Vitaminen und Mineralstoffen. Getränke aus Milchprodukten müssen mit 1 KE pro 200 ml angerechnet werden.

Bei bestimmten Flavonoiden, also pflanzlichen Wirkstoffen, aus schwarzem Tee hat man sogar eine insulinähnliche Wirkung festgestellt. Und man weiß, dass sich auch Kaffee positiv auf den Insulinspiegel auswirkt. Beide Getränke dürfen Sie also auf jeden Fall genießen, aber denken Sie an die anregende Wirkung und genießen Sie sie in Maßen.

Sehen Sie Getränke niemals als flüssige Süßigkeiten an. Sie glauben gar nicht, wie viel Zucker Sie durch eine Cola, eine Limonade oder sogar einen reinen Fruchtsaft aufnehmen. Auf zuckersüße Getränke verzichten Sie besser, auch auf Diätgetränke. Verdünnt mit Wasser (etwa zwei Teile Wasser und ein Teil Saft) sind Fruchtsäfte genau richtig.

Heidelbeer-Buttermilch

Frischer Sommergenuss

▶ Für 2 Gläser
geht schnell
5 Min.
150 ml Buttermilch · 100 g Heidelbeeren · 2 EL Orangensaft · etwas gem. Vanille · Süßstoff nach Geschmack

- Die Heidelbeeren waschen, verlesen und mit den anderen Zutaten mixen.

▶ Nährwerte pro Glas
55 kcal, 8 g KH (= 0,7 BE/0,8 KE), 3 g BS, 84 mg Ω-3-FS, 5 µg Jod, 0,5 mg Eisen, 99 mg Kalzium, 11 µg Folsäure

Tipp

Je nach Saison und Angebot ist die Buttermilch mit Brombeeren, Himbeeren oder Erdbeeren ebenso lecker.

Kräuter-Ayran

Leckerer Kalziumschub

▶ Für 2 Gläser
geht schnell
5–10 Min.
200 g griechischer oder türkischer Joghurt (10 % Fett) · ½ Kästchen Kresse · 10 Basilikumblättchen · ½ TL Jodsalz · 1 Msp. gemahlener Kreuzkümmel · 1–2 TL Zitronensaft

- Den Joghurt in einer Schüssel mit 200 ml Wasser vermischen. Die Kresse abschneiden und mit den Basilikumblättchen dazugeben.
- Salz, Kreuzkümmel und 1 Teelöffel Zitronensaft hinzufügen. Alles zusammen pürieren, mit Zitronensaft abschmecken und servieren.

▶ Nährwerte pro Glas
125 kcal, 5 g KH (= 0,4 BE/0,5 KE), 0 g BS, 168 mg Ω-3-FS, 47 µg Jod, 0,5 mg Eisen, 143 mg Kalzium, 15 µg Folsäure

▶ Heidelbeer-Buttermilch

Erfrischender Minzshake

Kalziumreich mit frischer Milch

▶ Für 2 Gläser
geht schnell
10 Min.

1 Bund Pfefferminze, frisch · 1 unbehandelte Limette · 250 ml Milch · 200 g saure Sahne · 2 Eiswürfel · 1 Prise Jodsalz · 1 Prise Cayennepfeffer

- Die Minze waschen, trocken schütteln und die Blättchen abzupfen. Von der Limette die Schale abreiben und den Saft auspressen.
- Die Minze mit Limettensaft, Milch, saurer Sahne und Eiswürfeln im Mixer pürieren. Mit Limettenschale, Salz und Cayennepfeffer abschmecken und in zwei große Gläser füllen.

▶ Nährwerte pro Portion
220 kcal, 13 g KH (= 1,1 BE/1,3 KE), 0,5 g BS, 262 mg Ω-3-FS, 43 µg Jod, 1 mg Eisen, 295 mg Kalzium, 33 µg Folsäure

Apfel-Kiwi-Nuss-Shake

Ballaststoffreiche Zwischenmahlzeit

▶ Für 2 Gläser
gelingt leicht
5 Min.

2 ungeschälte Äpfel · 2 Kiwis · 350 ml Haferdrink · 4 Walnusskerne · Honig (nach Belieben)

- Die Äpfel waschen, vierteln und die Kerngehäuse entfernen. Die Kiwis schälen und grob zerkleinern
- Das Obst mit Haferdrink und Walnüssen mit dem Pürierstab oder im Mixer pürieren. Nach Belieben mit wenig Honig abschmecken.

▶ Nährwerte pro Portion
300 kcal, 44 g KH (= 2,1 BE/4,4 KE), 6 g BS, 956 mg Ω-3-FS, 5 µg Jod, 2 mg Eisen, 140 mg Kalzium, 67 µg Folsäure

Zitronengras-Hagebutten-Tee

Zitronige Frische

▶ Für 1 l
gelingt leicht
10 Min.

2 Stangen Zitronengras · **3 EL** getrocknete Hagebuttenschalen (aus der Apotheke)

- Das Zitronengras waschen, in Stücke schneiden und mit dem Fleischklopfer etwas flach klopfen.
- Zitronengras und Hagebuttenschalen in ein Stoff- oder Papierteesieb geben, in die Teekanne hängen und 1 Liter kochendes Wasser darübergießen. Etwa 5 Minuten ziehen lassen.

Ingwer-Zitronen-Tee

Wärmt wunderbar

▶ Für 1 l
gelingt leicht
15 Min.

1 daumengroßes Stück Ingwer · **1** Zitrone

- Den Ingwer in etwa 10 Scheiben von 2–3 mm Dicke schneiden.
- 1 Liter kochendes Wasser darübergießen und 10 Minuten ziehen lassen, dann die Flüssigkeit durch ein Sieb gießen.
- Die Zitrone auspressen und den Saft hineingeben.

SO WIRD'S GEMACHT

Tees und Teemischungen selbst machen

Teemischungen aus getrockneten Kräutern, Blüten und Früchten können Sie nach Ihren eigenen Geschmacksvorlieben selbst zusammenstellen. Die getrockneten Kräuter, Blüten und Früchte bekommen Sie in der Apotheke, manche auch als Teesorten (Pfefferminze, Kamille, Melisse etc.) im Supermarkt – dann natürlich nicht die Beuteltees, sondern losen Tee kaufen. Selbst sammeln und trocknen geht auch. Die Pflanzen lassen sich, locker ausgebreitet, gut auf einem Backblech bei niedriger Temperatur (50 bis 100 Grad) im Backofen trocknen, das dauert etwa 6 Stunden. Viele Kräuter lassen sich auch frisch verwenden, wie Minze, Melisse und viele Würzkräuter. Da das Aroma in den frischen Pflanzen nicht so hoch konzentriert ist wie in getrockneten, muss man hier relativ große Mengen nehmen.

Mehr als sieben verschiedene Kräuter, Blüten oder Früchte sollten Sie nicht kombinieren. Beruhigend wirken Baldrian, Bergamotte, Hopfen, Johanniskraut, Melisse, Verbene und Kornblumen, besonders auf den Magen-Darm-Trakt wirken Fenchel, Anis, Kamille und Kümmel. Anregend sind Chili, Rosmarin, Zimt und Zitrone.

Grüner Orangen-Ananas-Eistee

Endlich ein Eistee, der nicht zu süß ist

▶ **Für 1,5 l**
braucht etwas mehr Zeit
10 Min. + Zeit zum Abkühlen
1 Beutel grüner Tee · 2 EL Birnendicksaft · 250 ml Orangensaft · 125 ml Ananassaft · Eiswürfel

- Den Teebeutel in die Teekanne hängen.
- 1 Liter Wasser aufkochen, ganz kurz abkühlen lassen und darübergießen. Etwa 3 Minuten ziehen lassen.
- Birnendicksaft, Orangen- und Ananassaft zugeben und den Tee im Kühlschrank kühl stellen. Mit Eiswürfeln servieren.

▶ **Nährwerte pro Glas**
72 kcal, 16 g KH (= 1,3 BE/1,6 KE), 1 g BS, 34 mg Ω-3-FS, 9 µg Jod, 0,5 mg Eisen, 49 mg Kalzium, 10 µg Folsäure

Tipp

Auf jeden Fall reinen Orangen- und Ananassaft wählen – keinen Nektar, der viel zugesetzten Zucker enthält.

Gurkenmolke

Viel Jod, Kalzium und Folsäure

▶ **Für 2 Gläser**
gelingt leicht
10 Min.
200 g Salatgurke · 3 Stängel Dill · 2 EL Zitronensaft · 300 ml Molke · Kräutersalz · frisch gemahlener schwarzer Pfeffer · 1 ½ TL Öl

- Die Gurke schälen, längs halbieren, entkernen und das Fruchtfleisch grob zerkleinern. Den Dill waschen und fein hacken. Mit Zitronensaft und Gurkenstücken mixen.
- Die Molke zugeben. Mit Kräutersalz, Pfeffer und Öl abschmecken und nochmals kurz mixen.

▶ **Nährwerte pro Glas**
130 kcal, 11 g KH (= 0,9 BE/1,1 KE), 1 g BS, 158 mg Ω-3-FS, 37 µg Jod, 1 mg Eisen, 279 mg Kalzium, 35 µg Folsäure

Apfel-Früchte-Punsch

Fruchtig, saftig, köstlich

▶ **Für 4 kleine Gläser**
gelingt leicht
15–20 Min.
300 ml roter Früchtetee mit Beeren · 1 Zimtstange · 1 Gewürznelke · 200 ml Apfelsaft · Saft von 1 Orange

- Den Früchtetee und die Gewürze mit kochendem Wasser überbrühen und 10 Minuten ziehen lassen.
- Apfel- und Orangensaft unterrühren und nochmals kurz erhitzen, aber nicht aufkochen.
- Den Punsch auf Gläser verteilen und servieren.

▶ **Nährwerte pro Glas**
35 kcal, 7 g KH (= 0,6 BE/0,7 KE), 0 g BS, 18 mg Ω-3-FS, 5 µg Jod, 0,5 mg Eisen, 15 mg Kalzium, 6 µg Folsäure

Alkoholfreier Weihnachtspunsch

Ohne Alkohol, dafür mit viel Frucht

▶ **Für 4 kleine Punschgläser**
gelingt leicht
10–15 Min.
1 unbehandelte Zitrone · 1 Orange · 250 ml Traubensaft · 250 ml naturtrüber Apfelsaft · 2 Nelken · ½ Zimtstange · Süßstoff nach Geschmack

- Von der Zitrone einen Teelöffel voll Schale abreiben, dann die Zitrone und die Orange auspressen.
- Die ausgepressten Säfte mit Trauben- und Apfelsaft sowie der abgeriebenen Zitronenschale mischen und in einem Topf erwärmen. Nelken, Zimtstange und Süßstoff zugeben, kurz aufkochen lassen.
- Den Punsch durch ein Sieb geben und je nach Wetterlage heiß oder kalt servieren.

▶ **Nährwerte pro Glas**
95 kcal, 20 g KH (= 1,7 BE/2 KE), 0 g BS, 40 mg Ω-3-FS, 0 µg Jod, 0,5 mg Eisen, 28 mg Kalzium, 8 µg Folsäure

Register

SERVICE

Liebe Leserin, lieber Leser,

hat Ihnen dieses Buch weitergeholfen? Für Anregungen, Kritik, aber auch für Lob sind wir offen. So können wir in Zukunft noch besser auf Ihre Wünsche eingehen. Schreiben Sie uns, denn Ihre Meinung zählt!

Ihr TRIAS Verlag

Kontakt:
kundenservcie.thieme.de

Lektorat TRIAS Verlag
Postfach 30 05 04
70445 Stuttgart

Besuchen Sie uns auf facebook
www.facebook.com/trias.tut.mir.gut

Besuchen Sie uns auf facebook
www.facebook.com/mama.mag.trias

Folgen Sie uns auf Instagram
www.instagram.com/trias_verlag

Lassen Sie sich inspirieren
www.pinterest.com/triasverlag

Abonnieren Sie unsere Newsletter:
www.trias-verlag.de/newsletter

Bibliografische Information der Deutschen Nationalbibliothek
Die Deutsche Nationalbibliothek verzeichnet diese Publikation in der Deutschen Nationalbibliografie; detaillierte bibliografische Daten sind im Internet über http://dnb.d-nb.de abrufbar.

Programmplanung: Uta Spieldiener
Redaktion: Dr. Thamar Triebel, Delmenhorst
Bildredaktion: Christoph Frick

Umschlaggestaltung und Layout:
CYCLUS · Visuelle Kommunikation, Stuttgart

Bildnachweis:
Umschlagfoto und Bild S. 3: Foto:
CYCLUS · Visuelle Kommunikation, Stuttgart, modifiziert nach © Ghislain & Marie David de Lossy/ Getty Images; Hintergrund: © hakinmhan/ stock.adobe.com
Autorenfoto Prof. Dr. Ute Schäfer Graf:
SJK | Martin Weinhold
Fotos im Innenteil: Meike Bergmann, Berlin: S. 8; Westermann + Buroh Studios, Hamburg: S. 28; alle übrigen Fotos: Stefanie Bütow, Hamburg

2. überarbeitete Auflage 2020

Printed in Germany

Satz und Repro: Fotosatz Buck, Kumhausen
gesetzt in: Adobe InDesign CS5
Druck: AZ Druck und Datentechnik GmbH, Kempten

Gedruckt auf chlorfrei gebleichtem Papier

ISBN 978-3-432-11285-5 1 2 3 4 5 6

Auch erhältlich als E-Book:
eISBN (ePub) 978-3-432-11286-2

Wichtiger Hinweis: Wie jede Wissenschaft ist die Medizin ständigen Entwicklungen unterworfen. Forschung und klinische Erfahrung erweitern unsere Erkenntnisse, insbesondere was Behandlung und medikamentöse Therapie anbelangt. Soweit in diesem Werk eine Dosierung oder eine Applikation erwähnt wird oder Ratschläge und Empfehlungen gegeben werden, darf der Leser zwar darauf vertrauen, dass Autoren, Herausgeber und Verlag große Sorgfalt darauf verwandt haben, dass diese Angaben dem Wissensstand bei Fertigstellung des Werkes entsprechen, jedoch kann eine Garantie nicht übernommen werden. Eine Haftung des Autors, des Verlags oder seiner Beauftragten für Personen-, Sach- oder Vermögensschäden ist ausgeschlossen.

Wo datenschutzrechtlich erforderlich, wurden die Namen und weitere Daten von Personen redaktionell verändert (Tarnnamen). Dies ist grundsätzlich der Fall bei Patienten, ihren Angehörigen und Freunden, z. T. auch bei weiteren Personen, die z. B. in die Behandlung von Patienten eingebunden sind.

Zwischenmahlzeit am Nachmittag

- ein kleiner Snack vor dem Abendessen sollte es sein – süß oder pikant, ganz nach Laune
- ab und zu darf's auch mal ein kleines Stück Kuchen sein. Auf Seite 107 erfahren Sie, wie Sie blutzuckerfreundlich backen!
- wenn Sie spät zu Abend essen, ist auch noch ein zweiter Zwischensnack drin: etwas Obst oder Gemüse, ein Stückchen Vollkornbrot mit Käse – worauf haben Sie Lust?